老北京风情系列

旧时行业

赵华川　赵成伟\绘
袁树森\配文

文化藝術出版社
Culture and Art Publishing House

图书在版编目（CIP）数据

旧时行业 / 赵华川，赵成伟绘图；袁树森配文.
—北京：文化艺术出版社，2015.6
（老北京风情）
ISBN 978-7-5039-5998-1
Ⅰ.①旧… Ⅱ.①赵… ②赵… ③袁… Ⅲ.①职业-
介绍-北京市 Ⅳ.①D669.2

中国版本图书馆CIP数据核字（2015）第099920号

旧时行业（老北京风情系列）

绘　　图　赵华川　赵成伟
配　　文　袁树森
责任编辑　唐　嘉
装帧设计　顾　紫
出版发行　文化艺术出版社
地　　址　北京市东城区东四八条52号　（100700）
网　　址　www.whyscbs.com
电子邮箱　whysbooks@263.net
电　　话　（010）84057666（总编室）84057667（办公室）
　　　　　（010）84057691—84057699（发行部）
传　　真　（010）84057660（总编室）84057670（办公室）
　　　　　（010）84057690（发行部）
经　　销　新华书店
印　　刷　国英印务有限公司
版　　次　2015年8月第1版
印　　次　2015年8月第1次印刷
印　　张　6.5
字　　数　50千字
开　　本　880 毫米 × 1230 毫米　1/32
书　　号　ISBN 978-7-5039-5998-1
定　　价　29.80元

老北京不忘的乡愁

传统文化就是文明演化而汇集成的一种反映民族特质和风貌的民族文化，是民族历史上各种思想文化、观念形态的总体表征。习近平总书记在中央城镇化工作会议上对继承传统文化提出了要求：“望得见山、看得见水、记得住乡愁”。老北京人儿时的记忆是北京传统文化的重要组成部分，是北京人不应忘记的“乡愁”。

时过境迁，早年间北京胡同里小贩悠扬的叫卖声，大杂院里亲如一家的邻里关系，五行八作的市井百态，充满欢乐的儿时游戏，已经难以见到了，但是那浓郁的乡土气息，却是令人难以忘怀的。因为这是早年间“天子脚下”老百姓真实的生活场景，从中映照出了居住在皇城根平民百姓的喜怒哀乐、思想感情。《儿时游戏》《年节习俗》《吃喝玩乐》《旧时行业》这四本画册，用感官的形式，配以京味儿的说明文字，把一幅幅老北京人的生活场景形象地展现了出来，看过之后，你会对老北京人的生活有一个大致的了解，觊觎这四本画册能够成为研究北京文化之人的参考资料。

赵成伟 袁树森

2015年5月

目录

正文

卖羽毛扇的

卖羽毛扇的

入夏，天气转热，街上就开始有卖羽毛扇的了，他们背着一个A字形的货架子，上面插满了羽毛扇。羽毛扇大多是用鹅和大雁的羽毛做的，选择鹅和大雁翅膀上的硬翎，按长短排成一个桃形，下边在翎管部位用钢丝捆住，然后以骨质或者硬木的扇托夹紧，在扇托上安好扇柄。摇羽毛扇的人显得很有文化，所以人们将多谋善断的人称为“摇羽毛扇的”。羽毛扇有高级的，那是用纯一色的雕毛做成，捆以象牙柄，那就不是街头卖羽毛扇者卖得起，也不是平民买得起的了。

羽毛扇在汉代就有了，在当时不仅是扇风祛暑的器具，而且还是读书人手中常用的饰物。北宋苏东坡《念奴娇·赤壁怀古》中有“羽扇纶巾，谈笑间，樯橹灰飞烟灭”之名句，当时适逢隆冬，周瑜手中仍然拿着羽毛扇，证明这只是一件饰物而已。人们在“三国戏”中常见诸葛亮手拿羽毛扇，也是如此。

羽毛扇有男女之分，女人用的羽毛扇名为“团扇”，我国古代宫中常用，因而又叫“宫扇”。这种团扇和男人所用的羽毛扇不同，是折扇的一种，可开可合，不用羽毛的硬翎，而是用柔软的羽毛，一般为纯白色，显得雍容华贵，常见贵妇人手持，既是一种祛暑工具，也是一种饰物，装饰作用大于实用的作用。

有一首关于扇子的打油诗，抄录如下，只为逗你一笑，是这样写的：“扇子有风，拿在手中。有人来借，等到立冬。”

卖灯笼的

卖灯笼的

灯笼是我国一种古老的照明工具，其制作技术早在汉代就已经十分高明了。据说有一种孔明灯，又叫天灯，相传是由三国时的诸葛孔明发明的。诸葛孔明被司马懿围困于阳平，无法派兵出城求救。孔明算准风向，制成会飘浮的纸灯笼，系上求救的讯息，其后果然脱险，于是后世就称这种灯笼为“孔明灯”。另一种说法则是这种灯笼的外形像诸葛孔明戴的帽子，因而得名。

在过去，北京前门外大栅栏一带有专卖灯的“灯局子”，他们的灯都是特制的，宫灯、纱灯、羊角灯、玻璃灯等，手工精巧，彩画仕女，一般市民不敢问津。老百姓也喜欢玩灯、挂灯，他们的灯笼就由串街卖灯笼的供应。卖灯笼的自产自销，多是南城一带的贫家小户，用竹篾、秫秸秆编成各种形状的灯，糊上高丽纸，再涂上颜色，什么狮子灯、羊角灯、兔子灯、莲花灯、白羊灯、绣球灯、牡丹灯，一排一排地挂在灯架子上，卖灯笼的高举着招摇过市。

说起灯笼，使人不禁想起京剧《打龙袍》里面灯官报灯名的经典台词：“尊万岁，在上听，细听我灯官报花灯。我报的是，一团和气灯、和合二圣灯、三阳开泰灯、四季平安灯、五子夺魁灯、六国封相灯、七彩子禄灯、八仙过海灯、九子十成灯、十面埋伏灯，这些个灯，那些个灯，灯官我一时报不清，往后瞧，又一层，吕布戏貂蝉，大闹凤仪亭。瞧过了一篇又一篇，昭君打马和北番，出了雁门关……”由此证明，我国的花灯不仅是一种照明用具，而且还是一种艺术品，可以表现故事情节。

卖年画的

卖年画的

“画儿来，卖画儿……”早年间临近过年的时候，人们扫完房之后，都喜欢在家里贴上几张年画儿，以增加过年的喜庆气氛。东单、西四、琉璃厂等地都搭有画棚，里边手绘的、印刷的年画都有，除此之外，还有走街串巷卖年画儿的。卖年画儿的大多来自京东一带，他们主要贩卖的是杨柳青木版年画。为了不把画儿折了，卖画儿的特意用高粱秸做的排子，把画儿夹着，挑在肩头，边走边吆喝。年画内容以喜庆为主，例如“连生贵子”“牡丹芙蓉”“吉庆有余”，等等。他们一般选择在街边、胡同里比较宽敞的地方临时摆摊卖货。卖画的把排子放下，把油布铺在地上，把一叠一叠的年画打开，让围观的人们观看，有人要就拿出一张来放到一边去，然后把这叠重新叠好，放到一边，再打开下一叠，全翻完了再往回翻。每翻完一遍之后，给买画的人结一次账，数好了张数，算好了钱，把年画卷好裹上一张包装纸，用纸绳捆好，递给顾客，这就算完成了一份交易。还有这样一种情况，有的大姑娘一直在看画儿，但是不买。等翻过两个反复之后，卖画的就会问她：“姑娘，你买什么画儿？”“我买底下的。”这时候卖画儿的就明白了，从另一叠从不打开的画儿里，拿出一张画儿，也不看，卷上用纸绳捆好，说出钱数。买画的姑娘也不看画儿，给了钱，接过画儿来就走。这种画儿是“春宫图”，是一种早期的性教育图画，是姑娘出嫁前必看的，所以人们都不好意思明着去买。

山货挑子

山货挑子

在老北京的市场上，人们把海里出的东西叫“海货”，把山上出的东西叫“山货”，这里说的“山货”可不是吃的，而是用的。郊区农民把农林业的副产品制作成一些生活日用品，例如用黍子苗捆扎成笤帚，用高粱苗捆扎成炊帚，用荆条或者柳条编成小筐、小篮，把鸡毛捆扎成掸子，拿到市场去卖，以此作为副业，换几个钱贴补家用，老北京人把农家自制的日常用品称为“山货”，其实这些用具并不一定全都出产在山区，平原出产的也同样叫作“山货”，例如鸡毛掸子、擀面杖、切菜板，等等。这些器具价钱不贵，但却是居家过日子、日常生活缺少不了的。

早年间，北京的街道上有一种专门卖这些生活用具的买卖铺子，俗称“山货铺”，所卖的东西种类很多，除去上述之外，还有盆、缸、砂锅、沙蓝子、鸡毛掸子、肉墩子、炕席、草帘子、苇箔、麻绳子、麻坯子、马扎儿、小板凳，甚至于砖、瓦等建筑材料。卖山货的除去买卖铺子之外，还有走街串巷卖山货的小商贩，俗称“山货挑子”。小商贩用一条扁担挑着货物，前后好像挑着两座小山，货物种类繁杂，什么鸡毛掸子、笊篱、柳条簸箕、笼屉、打水的柳斗、擦菜丝用的擦擦、葫芦水瓢，等等，都是老百姓居家过日子所不可缺少的用品。走街串巷做小买卖之人有的靠吆喝，有的用响器，做这种买卖的小贩边走边敲一个葫芦瓢，“梆梆梆”，人们在家里一听到这种声音，就知道是山货挑子过来了，可以出门去买自己所需要的物品。

赶脚的

赶脚的

早年间还没有机械交通工具，人们出远门儿，主要靠骑乘马、骡子、毛驴等大牲口。毛驴性情温和，有耐力，是一种主要的交通运输工具。驴分为驮驴和走驴，驮驴用来载货，走驴专门用于载客，老北京称为“雇驴脚”。走驴背上有鞍子，上面铺有坐垫，用天鹅绒作为面料，金丝线刺绣出图案，非常漂亮。驴背两侧有脚蹬子，为铁制或木制，在臀部后面还加有一根横木，俗称“纣根”。脖颈下面挂有铜铃铛，走起来“叮当”作响，十分悦耳。走驴一般都是自家喂养，赶驴载客的人称为“赶脚的”，赶脚的一般都是牵着毛驴在街口、城门脸儿等处等人雇佣。脚钱一般视路程而定，在城里一般一天是四五角钱左右。出城跑远途主要是跑西山、通州等地，跑一趟大约可以挣到八角至一元钱左右。

雇毛驴有专门的地方，俗称“驴口儿”。当时郊区的人进城，或者是城里人到郊区去，主要有这样几条路线：一是从海淀到西直门；二是从卢沟桥到广安门；三是从通州到朝阳门；四是从丰台到永定门或右安门；五是从阜成门到西山，因而在这些城门的门脸儿都设有驴口儿。

赶脚的是个苦活儿，客人在上下驴的时候，他们要搀扶。在平路上，他们要跟在驴屁股后面一路小跑。遇到闹市人多的地方，以及拐弯、过桥的时候，赶脚的则要在前面牵着毛驴行进，在过小河的时候，赶脚的则是蹚水过河。就是这样奔波劳碌一天，也只能挣到几十个铜板，而毛驴一天所需的草料就要花去十几个铜板。

卖铁蚕豆的

卖铁蚕豆的

这里所说的“铁蚕豆”可不是铁做的，而是老北京的一种小吃，就是炒蚕豆，因为在炒制的时候，火比较小，蚕豆的水分都在锅里耗干了，所以炒熟之后的蚕豆又干又硬，如同铁的一般。吃铁蚕豆不能用牙生咬，否则一定会硌坏了牙，要先含在嘴里，用唾液闷一会儿，才能嚼得动，这种铁蚕豆越嚼越香，风味独特。称其为“铁蚕豆”是形容这种炒熟的蚕豆很硬，这是老北京话里一种极力夸张的修辞手法。走街串巷卖铁蚕豆的有的挎着篮子；有的推着小车，车上驮一个小口袋。卖铁蚕豆的不用秤，而是论碗儿卖，多少钱一小碗儿，用废报纸包好，递给顾客。买铁蚕豆的大多是穷人家里的孩子，买一大把的铁蚕豆几个孩子能吃上半天儿。有时年轻妇女闲着没事儿，也买一把铁蚕豆“磨牙”，消磨时间。卖铁蚕豆的也卖酥蚕豆，这种蚕豆也是炒制而成的，但是在炒制之前用水浸泡过，炒制的时候要加上沙子，炒好之后吃起来比较酥脆。酥蚕豆很好嚼，但是没有铁蚕豆好吃，也不耐吃，所以胡同里的孩子们更钟情于铁蚕豆。

北京有炒货店，炒制花生、瓜子、栗子、蚕豆之类的干果，零售兼批发。卖铁蚕豆的小商贩一般都是在炒货店进行“趸货”，就是先把货物取走去卖，等卖完了再回来付款。这种趸货数量不能大，一般只够一天的销售量，到了第二天再来趸，当天结账。做买卖讲究信誉，如果过期不结账，下次人家就不趸给你了。走街串巷的奔波一天，也只能卖上四五十个铜板，赚个辛苦钱。

卖香烛纸码的

卖香烛纸码的

早年间北京的寺庙宫观很多，这些庙宇有的逢年过节举办庙会，有盛大香火；有的每逢朔望和神佛圣诞之日也有香火。在居民家里也有设立佛堂的。此外，民间还有过年接神、祭祖、婚嫁、丧葬、寿日、拜师等传统，也都需要使用香烛。纸码是纸质印刷的神像，在过去，家家都要供奉灶王爷，大门上要贴门神，大年初一要供财神，行业要供奉祖师爷，因而有不少的香烛纸码店。据民国八年（1919）京师总商会《众号一览表》统计，当时北京城里有香烛纸码店151家，实际上远不止这些，许多没有加入商会的店铺和尚未构成店铺规模的小门市以及货摊子都没有统计在内。当时著名的香烛纸码店有：正阳门外珠宝市的合香楼、花汉冲，大栅栏的云香阁、庆云楼，观音寺的裕兴号，煤市街的清远号，东珠市口的龙合楼，崇文门外花市的仙香阁、天香阁、滋兰芳、桂香斋，宣武门外十间房的庆诚轩，东四的万春楼、蕙兰芳、中和馨，西四的宝兴斋，北新桥的桂林局、永安楼、东芝兰轩，地安门大街的闻异轩，等等。这些店铺都是前面是卖货的店铺，后面是刻印神码纸像、砸制黄钱、千张等“敬神钱粮”的作坊。撂地摆摊的小商贩一般是在庙会上摆摊卖货，用石头、铁坨子把一叠一叠的神码纸像压上，以防被风刮跑。

卖神像的不能说卖，要说“请”，只有卖财神爷像的不说“请”，而是说“送”，大年初一早晨就有小伙计在各家各户的门前喊：“送财神爷来啦！”买者也不说买，而是说：“我请一张。”

缝穷的

缝穷的

“缝穷的”是一个行业，就是在街头为穷人缝补破衣裳，以此来挣几个小钱儿，聊以糊口的工作，这一行儿叫作“缝务”，俗称“缝穷的”。“缝穷的”有两个意思：一是缝补破衣裳；二是为穷人缝补住“穷窟窿”，以后就不再受穷了。从事这一行的都是穷苦人家的妇女。早年间，妇女是不能抛头露面，出来跑营生的。只有那些生活极端贫困的人家，被迫无奈才出来干这一行。她们的工具只是一个针线笸箩，里面放着针、线、剪刀和一些零碎布头。“缝穷的”大多在卖苦力男人聚集的地方摆摊。这些卖力气的穷苦人大多来自乡下，单身一人。有家有业的男人衣服破了老婆就给补了，只有那些单身汉们才是她们的主顾。龙蛇混杂之地，难免有屑小之徒，所以“缝穷的”妇女年纪一般都在40岁以上，人老珠黄，这样才安全一些。“新三年，旧三年，缝缝补补又三年”，那些穷苦汉子劳苦了一天也挣不到几个钱，做一件衣服就更不容易了，一件衣服要穿好几年，实在挂不住身了才扔掉，因而衣服破了就要缝补，好再穿几天。自己粗手大脚的拿不了针线，因而就要找“缝穷的”给缝补一下。一件破衣烂衫经她们补个补丁，缭上几针，就又可以凑合几天了。“缝穷的”名副其实，但又是穷苦人之间的一种互助。俗话说“一行有一行的规矩”，“缝穷的”讲究人家穿在身上的衣服不给缝，要脱下来才给缝补，一是因为男女有别，相互之间身体不能接触；二是俗话说“穿着连，万人嫌”。

冲碾磨的（石匠）

冲碾磨的（石匠）

石匠的种类比较多，有一种石匠专门制作或者修理粮食加工和农业生产中使用的器具，例如石碾子、石磨、石碌碡等。石匠在拜师的时候，先拜祖师爷鲁班，学行当规矩是重要的一环。之后学认石头，目的是了解石头的软硬程度，在做活儿时，手腕劲头就能掌握快慢轻重了，再学手使的工具，并能沽火打磨。以上本事学好了，能自己操作了，再学铸磨脐、碾子脐等铁活。用石笔画好线，凿出比磨脐和碾子脐稍微大一点、深浅适宜的方坑，先用小刷子刷干净，用热白矾浇灌，周边的缝隙用锅渣补严，做好了之后永远不坏。

平时制作井台漏水槽、井台护板、养猪的猪槽、石碾子、石磨、拐磨等、场院用的碌碡、地里的墩子等。他们背着工具袋，里面装着四把长短不一的锤子，几把錾子，走街串巷，边走边吆喝：“杵碾子磨喽！”

碾子、石磨、手拐磨是旧时农村生活中加工粮食的必备器具。上下两扇，磨盘磨座相互摩擦，时间长了沟浅了就不好用了，这样，就需要石匠重新杵。需要杵碾子、石磨的人家把他们叫到家里，讲好价钱之后，石匠用錾子一个沟一个沟地錾深：先把磨扇掀起来，底儿朝天，一半放在底座上，用木棍穿在磨上，将磨扇支起来，然后手握錾子、锤子，不紧不慢，用力均匀一沟一沟地錾。冲一盘碾子、石磨大概需要一天时间，中午要管石匠一顿酒饭。如果路途远，石匠当天回不去，还要安排石匠住下，吃喝由冲碾子磨的人家管。

卖唱本、皇历的

卖唱本、皇历的

在清代，每年农历十月，钦天监都要颁发第二年的历书，因为是国家颁发的，所以叫作“宪书”，又因为这是皇家钦定的历书，所以又叫“皇历”。在皇历上详细规定了每一天人们的起居行止，婚丧嫁娶的时宜，能做什么，不能做什么。人们每一天都要查看皇历，以确定这一天的行为，不翻皇历是绝不敢妄动的，因此在当时皇历是家家必备的。

过去有一个故事讽刺了相信皇历的迷信行为，说有一个老头儿要出门去办事，在出门前一查皇历，上面写着这一天“不宜出门”，但是这件事他又非干不可，怎么办呢？老头儿想，既然是今天“不宜出门”，那我就不出门了，我不走大门，我从墙头上爬出去。谁想到院墙年久失修，老头才一爬墙，墙就塌了，把老头儿压在了下面，家里人赶紧往出扒老头儿。老头连忙大喊：“先别动，赶紧去查查皇历，要是今天不宜动土啊，就明天再扒我！”

皇历由书铺印刷，然后批发给书贩们。一到了冬月，胡同里就出现了身背褡裢、手里拿着历书的小贩，尖声吆喝：“卖皇历！卖皇历！”

因为接近年关，为了满足市民的娱乐需求，卖皇历的也兼卖唱本，这是一种四十八开的石印小册子，内容大多是民间小戏和鼓词之类的，例如《小上坟》《绣鞋记》《黛玉葬花》《大西厢》《宝玉探晴雯》《武松打虎》，等等，人们通过看唱本，可以了解一个故事，有人就是通过看唱本儿学习唱段儿，从中得到娱乐的。过去印唱本有名的书铺是“宝文堂”。

卖火绒火石的

卖火绒火石的

火镰是一种古老的取火器物，由于打造时把形状做成酷似弯弯的镰刀，与火石撞击能产生火星而得名。

火镰基本由三部分组成。火石一般产自河滩，经过河水冲刷并于石头间相互碰撞、摩擦留下的质地比较坚硬，并在高速撞击时能产生火花的石头，也有从山里直接开采出来的，它的纯度比较高，所含成分和现代的火石相同。火绒就是艾蒿的嫩叶，一种菊科多年生灌木状草本植物，在春夏之交将其叶片采摘晾干或阴干后，用手揉成絮状待用。钢条就是用一小块硬度不太强的普通钢条，打造成弯弯的镰刀形状，成为火镰的主件。比较讲究点的人在钢条上刻有“麒麟喷火”“龙吞火球”等纹饰，并把一块皮革镶嵌在弯弯的钢条上，制成像现代女性手里拿的小坤包样子，口上嵌有两块铁皮，其中一块带有磁性，不用时会自动把口封好，起到防止包里装的火石、艾绒等物件丢失或受潮的作用。再缀上一根好看的细绒绳，穿上一颗不错的珠子或玉器或玛瑙，这样既增大了体积也美化了火镰的主体，它反映了主人的品位和档次。

火石和火绒是消耗品，城里没有，因而就出现了走街串巷卖火石、火绒的小贩。边走边吆喝：“火绒子、火石片儿、火镰，一打就抽烟，两打不要钱，片儿火镰哪！”火镰后来被火柴和打火机的问世取而代之了。

挎包卖布的

挎包卖布的

早年间有走街串巷挎着包袱卖布的小商贩，在当时所卖的一般是农村织的土布，俗称“小布”，面子很窄，最多有两尺，在当时人们用这种布做一件褂子（上衣）要四片布进行拼接，缝四道根，卖布的一个包袱皮里能包几匹布。后来出现了“洋布”（机织布），布面宽，并且平整细腻，土布就不吃香了，因而就出现了卖布头儿的。他们卖的都是新布，各种花色都有，最大的布块不超过八尺，能做一件上衣或一条褥子里。卖布头的用一块大包袱皮包着布头，挎在肩上，脖领子里插着一把木尺，走街串巷，一般不吆喝，而是使用响器。他们所用的响器是一把拨浪鼓，这种拨浪鼓是双的，上面是铜鼓，下面是皮鼓，一摇晃可以发出两种声音来。布头儿一般的论尺卖，小块儿的才论块儿卖。

妇女们一听见拨浪鼓响就知道是卖布的（卖布头儿的）来了，如果需要就出门去把卖布的叫住，挑选自己所需要的布。卖布的很会做生意，夸赞自己的布质量好、花色好、布面宽、便宜，口若悬河。他问你想作什么用，然后会帮助你挑选布的种类和花色，还会为你计算用布的尺寸。如果是老太太来买布，最后他会向你推荐颜色鲜艳的花布：“您看这块布颜色多好，买几尺给家里闺女、儿媳妇做一件褂子最合适了，孩子们穿出去，人见人夸，这可是您老人家的脸面啊！”如此促使你多买他的东西。

卖炭的

卖炭的

木炭是木头或木质原料经过不完全燃烧，所残留的深褐色或黑色多孔固体燃料。我国烧制木炭有着悠久的历史，商代的青铜器和春秋战国时期铁器的冶炼都是用木炭作为燃料的。木炭主要分为白炭和黑炭。白炭燃烧时间长，不冒烟，无污染，比重大，敲击有金属音；缺点受潮易发爆、价格昂贵等。黑炭主要以软阔叶薪炭材为主，容易点燃，但易发爆、不耐烧、燃烧时有烟。烧制木炭用泥土筑窑，满装木头，从窑门或火门点燃，使木头在窑内炭化，挥发物溢出之后，剩余的就是木炭。京西门头沟区妙峰山镇有座山村，名字就叫“炭厂”，明代时这里林木资源十分丰富，几户人家到此烧炭，逐渐繁衍成村，故名“炭厂”。最好的炭是用荆蒿疙瘩烧成的炭，质地紧密，燃烧时间长，火力壮，没有异味儿。

北京的冬季十分寒冷，早年间到了冬季，一般人家都是烧煤取暖，尽管有煤球炉子、地炉子，但也难免冻手冻脚，有钱人家的太太小姐们就用铜制的手笼、脚炉来焙手暖脚。手笼、脚炉不能烧煤，只能用木炭，而且有的富贵人家冬天还要架上炭火盆，那燃烧的木炭，温度要比地炉子高多了。一进入冬季，距离京城比较近的山区农民就挑着一担一担的木炭进城来卖了。卖木炭的也摇拨浪鼓，但这种拨浪鼓个头很大，足有炒菜的马勺那么大，声音比较低沉。从山区走几十里路，把一担木炭挑到城里来卖，其辛苦程度可想而知。

看风水的

看风水的

风水学又称“堪舆学”，是一种附属于建筑学的理论，主要内容是研究建筑与自然的关系。人们经过几千年房屋建筑的实践，总结出了一套盖房建筑的经验。这些经验与中国传统的阴阳五行学说相结合，就衍生出来了一套理论，也就是我们平常所说的“风水学说”。现代建筑科学对“风水”之说重新进行了研究，把其中很多具有实际意义的理论，运用到了建筑学中的一个学科“建筑环境学”之中，为现代建筑工程服务。

中国古代的“风水”学说以“天人合一”“天人相应”的传统自然观，描述天、地、人等自然万物之间所存在的内在关系，认为天地之间相通一体，天人之间相依共存。天、地、人各大系统组成循环有机的大自然系统，而大自然的生命及宇宙间一切事物均由阴、阳两种力量相互结合而生，以阴阳结合的变化推动事物的变化发展，这就是自然界的根本规律，也就是中国传统风水理论的基础。因此，“风水”可以说是以天、地、人三者之间协调的关系为准则，选择有利于人们生存的地理环境质量的评价系统，这就是指导择地建宅的传统环境科学。

给人家看风水之人称为“风水先生”，手执罗盘，上面记有阴阳五行，给人选择墓地或者建房之处。借此搞迷信活动，骗人钱财者是必须反对的。有一首打油诗对看风水时搞迷信活动之人进行了讽刺：“风水先生惯说空，指南指北指西东。若是真有龙虎地，何不当年葬乃翁？”

卖砂锅的

卖砂锅的

砂锅是一种十分特殊的炊具，在北京地区有着悠久的历史。相传明太祖朱元璋四子朱棣聪明睿智，文武双全。朱元璋立皇后马娘娘所生之子朱标为太子，朱标生性懦弱，马娘娘视朱棣为朱标继承皇位的最大威胁，就请朱元璋把朱棣发到边远之地镇守，于是朱棣被封为燕王，来到了现在的北京地区。马娘娘还不放心，就问刘伯温燕地的状况，刘伯温说那里“砂锅做饭斗量柴”，马娘娘以为缺少铁器而用砂锅，沙子和米一起煮；缺少柴草用斗量，是一片洪荒之地呢，在如此荒凉之地朱棣是发展不起来的，就放心了。其实“砂锅”是一种当地传统的炊具，用煤层的副产品粘子和砂子烧制而成，经煮耐熬，不扣底，不煳锅，不串味儿，不损伤所烧制食品的养分，不起化学作用，这些都是金属炊具所代替不了的。“斗量柴”指的是煤炭，过去卖煤用制子筐为量具。煤远比柴草的火力要大。

砂锅的种类很多，有熬中药的药锅、做饭的沙盏子、炖菜用的吊子、烙饼用的支炉，等等。大个的大沙盏子能装一桶水，小个的小砂浅儿如同饭碗大小。门头沟的安家滩早在元代就出产砂锅，《析津志》上有记载，一直生产到改革开放之前，人们用背架子背上几套砂锅，步行几十里地，到城里去卖，赚个辛苦钱。虽然现在铝制、铁制、不锈钢制、玻璃制的炊具充斥市场，但是砂锅仍有一席之地，饭馆里做“砂锅吊子”仍然要用砂锅，北京著名的饭庄“砂锅居”，那就更离不开砂锅了。

盲卜者

盲卜者

“盲卜者”就是算卦的瞎子，占卜是古代人们预测未来的一种方法。远古时，人们烧龟甲观裂纹以占吉凶，后来逐渐与我国古代哲学专著《周易》相结合，形成了一套理论。《周易》中列有六十四个卦象，占卜者以求卜者生辰八字，按照“乾坎艮震巽离坤兑”八个字的不同组合，推算出不同的卦象，确定别人的命运，因而占卜者又被称为“算卦的”。算卦先生学会这一套理论就可以从业了，因为满口的行业术语，使人颇感神秘，从事此业者以盲人居多。盲人看不见求卦者，只凭着“卦术”推算，预测求卦者的未来祸福，使人更容易相信。

过去北京的街巷中，经常可以看到有盲人，一手持马竿探路，另一只手腕上挂有一面小铜锣，手拿锣槌，边走边敲。小铜锣是瞎子的响器，名为“报君知”，人们听到小锣响，就知道是算卦的瞎子过来了。那么瞎子算命到底灵不灵呢？算卦只有两种结果，一个是“灵”，一个是“不灵”，概率各占百分之五十。灵了是他算得准；不灵是你的心不诚，因而卦不灵。其实许多人算命并不是求瞎子给他解除危难，而是求得一种心理安慰。北京有些衣食无忧的老太太，百无聊赖，听到小铜锣响，知道是算命的瞎子过来了，就赶紧出去，把算命的请进家里来，随便说一件事，叫算命的帮她破解，其实老太太并不相信这一套，只不过是花钱找个陪她聊天解闷的人而已。

马掌铺

马掌铺

早年间，骡马是主要的交通运输工具，无论是货物运输，还是人们远行代步，都主要依靠骡马。骡马跑路蹄子会受到磨损，因而人们就发明了给牲口钉马掌，也就是给牲口穿上“铁鞋”，以保护蹄子免受损伤。马掌磨损后要换上新的，因而铁匠炉钉马掌的生意一直都很红火。过去在北京的城门脸儿、大道沿途的村边经常可以看到有钉马掌的马掌铺。钉马掌有的是铁匠铺除去打制各种铁器之外，兼钉马掌的；也有专门钉马掌的。专钉马掌的虽然也有铁匠炉，但是一般只打制马掌、马掌钉、大车钉之类的东西，而不制作其他的铁器。无论哪种钉马掌的都在门口外立有拴牲口的木架子，在窗前挂有用铁丝串起来的一串马掌的半成品，以作为钉马掌的“幌子”。

马掌是铁制的，把铁条烧红砸扁，成为U形，用特制的钎子打上孔，这就是马掌的半成品了。有来钉马掌的，先把牲口拴在架子上，以防牲口踢人。把一个马蹄放在三角凳上，用铲刀片去蹄子上的腐烂部分，牲口的蹄子比较坚韧，因而这种铲刀把很长，顶端安有一块横木，使用的时候把刀夹在腋下，用手掌握刀头，以臂膀之力帮助切下蹄子的损伤部分。把损伤部分去掉，削出平整的斜面来，一个蹄子才算是修整好了。按照蹄子的大小和形状重新对马掌铁半成品进行再加工，使之与牲口蹄子的形状相符，将其钉在马掌上，钉子从蹄子的侧面露出，把露出的钉子尖弯回，一个马掌就算钉好了。四个蹄子全都钉好之后，这头牲口就又可以“日行千里”了

棺材铺

棺材铺

过去时兴土葬，装入棺材、入土为安是人的最后归宿，因而棺材铺就应运而生。老北京比较大的棺材铺都叫作“桅厂”，在明清两代，北京的供给主要依靠大运河漕运，制造船上的桅杆要用杉木，且北京民间流行用杉木制作棺材，因而许多制作桅杆的木厂子暗中都以制作棺材为主。后来漕运停止了，桅杆不做了，但是棺材制作的生意依旧兴盛，而沿用了“桅厂”的名称。人们嫌“棺材”名字不好听，通常把棺材称为“寿材”。

做棺材的工匠，老北京称之为“斜木行”。斜木行有一项绝活儿，连接木头不用一根钉子，而是用一种两头大、中间小，状如半边银锭的榫头，俗称“银锭口”，这是其他行的木匠所没有的。棺材有固定的尺寸，盖五寸、帮四寸、底三寸的称为“三四五”，还有“四五六”的。最好的用料是“阴沉木”，皇帝所用，其次是金丝楠木，后妃所用，民间所用最好的是“杉木十三圆”，一般人只用杨木、柳木、椴木。

老北京著名的棺材铺有骡马市大街的鹤年长桅厂、东珠市口的贵寿桅厂、绒线胡同的福寿桅厂、宣武门内大街的同顺桅厂、东直门内大街的义茂桅厂和延年桅厂、西珠市口的万鹤祥桅厂、八面槽的人寿桅厂、骡马市大街的庆寿桅厂等，较小的棺材铺数不胜数，以前海北岸为例，不足百米之地就有天合、合顺、泉合、义合、集合、永合6家小的棺材铺。

棺材铺做生意不能对顾客太热情了，顾客进门之后，伙计不能问“您买点儿什么？”或者“您用点儿什么？”只能等着顾客开口问询，伙计再作解答。顾客在临走的时候，伙计切不可以说：“欢迎您再来。”那实际上是在咒客人家里再死人，会引起客人的反感。

兑换银元

兑换银元

在使用银元和铜元的年代里，北京街头上经常可以见到兑换钱的小摊，一张桌子上码放着一摞摞的铜元。银元是大值货币，铜元是小值货币，这种小摊一般是以零换整，也就是以铜元兑换银元。银元的种类很多，有清光绪年间的“龙洋”、有墨西哥代铸的“船洋”、有袁世凯发行的“大头”和“小头”、有民国政府发行带有孙中山头像的“孙小头”银元。各种银元的含银量不同，所值铜元的多少也就不一样，加上当时市场上的行情经常变化，兑换银元的小摊赚的是两者之间的差价。换钱摊也收当票，有的人急需用钱，就把家里值钱的东西送到当铺里去当钱用。当铺给的钱很少，一般不超过东西价值的一半，而且利息很高，赎当的时候要本利还清，逾期不赎，所当之物就归了当铺。有的人赎不起了，就把当票卖掉，使自己少受一些损失。卖当票所得之钱也不足当票上所当之钱的一半。摆换钱摊的人不是火眼金睛，有人就拿假当票来骗他们，上当之事也时有发生。清同治年间李静山的《增补都门杂咏》中有一首《换钱摊》：“小桌当街钱换钱，翻来覆去利无边。代收铺票充高眼，错买归家亦叫天。”

在临近解放时，国民党政府发行的“金圆券”，价值一落千丈，市面上又流行了银元，在西单、东四牌楼等热闹的地方又出现了吆喝着“买两块，卖两块”的银元贩子，他们敲打着手中的银元，发出“叮叮当当”的响声，赚的也是两种货币之间瞬息万变的差价，不过这已经是末世的景象了。

冥衣铺

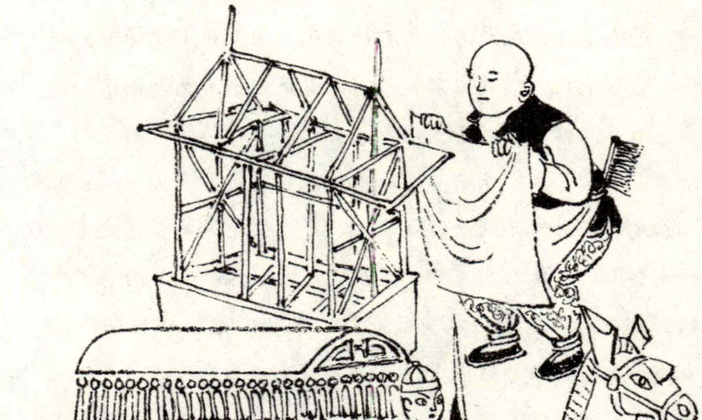

冥衣铺

糊制冥器是从古代殉葬品发展而来的，古人认为人死后灵魂还在，到了阴间依旧要生活，因而就用一些物品殉葬，供死者在阴间使用，因为殉葬品价值昂贵，后来逐渐为“纸活”所代替。

为死者服务的裱糊匠主要是糊制纸人、纸牛、纸驴、轿车、杠箱、楼、库、幡、伞、金山、银山、船、桥等冥器，因为用完就烧掉，故称“烧活”。糊烧活的工序是扎、糊、绘。“扎”就是按照传统的尺码用秫秸、麻坯、马莲草等捆绑成人、马、船、桥、楼库的骨架样子。“糊”是在扎好架子，外面罩糊上所需白纸或彩纸，使所糊物件既精细又有神韵。“绘”就是彩画。

裱糊匠要懂得传统的做活规矩，如遇到“老喜丧”，烧活上就多用红纸和彩纸。如果是妇女“月子病”去世，除所用烧活外，还要糊上笼子形状的“吉罩”。未出嫁的女孩夭亡，要糊各式彩色嫁妆。小孩出天花病愈后答谢娘娘，就糊好一对纸娃娃送到娘娘庙去烧。

过去北京著名的冥衣铺有东河沿皇城根晓教胡同的德鑫斋、骡马市的古代冥衣铺、米市胡同的聚斗斋、南横街的永聚斋、粉房琉璃街的马记冥衣铺、果子巷的马家分号等，冥衣铺一般都是两三间的门脸，有的带有后院，是掌柜的家眷住的地方。门脸房里就是车间，里面除去材料之外没有糊好的成品，因为谁家里也不想摆着这种东西，怪丧气的。冥衣铺一般等候人们上门订货才去制作纸活。冥衣铺一般都是采用活扇门、活隔扇，可以随时拆卸和安装，就是为了方便往出运做好了的纸活。

拾破烂的

拾破烂的

拾破烂的又叫“捡破烂的”，这也是老北京的一行儿。过去人们常说，北京是天子脚下的一块宝地，连根草都值钱。拾破烂的一般都是从清早起来就出门了，背个大箩筐，手里拿着一把两个齿的耙子，见到垃圾堆就要上去翻腾一番，什么废纸、破布、烂棉花、旧胶皮、铁皮、铁钉都捡到筐里去，卖给收破烂的换上一点儿钱。拾破烂的是北京城里最穷苦的人，干这一行的大多是老人和小孩，苦力活儿干不了，捡点儿破烂多少能为家里挣两个窝头。有的拾破烂的还用火柴换破烂儿，在当时火柴叫作“洋取灯儿”，他们在路过胡同的时候，一边捡拾地上的烂纸，一边吆喝：“换洋取灯儿来——换洋取灯儿来——”所换之物一般都是居民家里的废纸和破鞋烂袜子，电影《春桃》里面就有这种场景。

拾破烂的也有帮派，一般以地区划分地盘，一个帮派的人只允许在一定的区域之内捡拾破烂儿，不准越境去抢别人的“饭碗”。一旦犯规就会引起争斗。帮派头领从每个人的收入中“抽头儿”，当然他也担负着维护本帮派利益的责任。

民国时期东直门有一家捡破烂的意外捡到了一张银票，一夜之间陡然暴富，一家人换上了新衣裳，又打酒又买肉。这种不寻常的举动引起了侦缉队的怀疑，就给盯上了。几天之后的夜里，去了一帮侦缉队，把他们家给抄了，在监狱里关了好几天才放出来，从此这一家人又陷入了贫困之中。

卖胡琴的

卖胡琴的

胡琴是一种古老的乐器，早在宋代之初，我国北方蒙古族人民就在火不思、忽雷等弹弦乐器的基础上，制成了弓拉弦鸣乐器胡琴，蒙古族人民称其为“胡尔”，是一种二弦、弓在弦外拉奏的胡琴。现在则往往泛指中国民族乐器中的各种拉弦乐器，特别是指戏曲中的拉弦乐器，包括今天人们所熟悉的二弦子、二胡、高胡、中胡、京胡、京二胡、四胡、板胡等。

胡琴是戏曲伴奏的主要乐器，北京人爱听戏，有人就买把胡琴，自拉自唱，自娱自乐，以作消遣。也有一些人喜欢音乐，把拉胡琴视为一种艺术，闲暇之余拉上一曲，一是抒发情感，二是一种闲情雅趣。有需要就有商机，于是就出现了卖胡琴的商贩。来北京卖胡琴之人大多是江汉一带的人，他们的胡琴自产自销，在农闲之时，几个人相约北上，到北京来卖胡琴。卖胡琴之人身背褡裢，前后装着十几把胡琴，他们不吆喝，而是用自己的胡琴作为响器，手中拿着一把，边走边拉二黄调，走街串巷，卖自己的胡琴。他们不仅卖胡琴，还管教人怎么拉胡琴，只要是交了钱，他就教给你，包教包会。以京胡为例，一般只教你拉一个简单的曲牌或者是过门儿，一天学不会，第二天再来，一直到学会了为止，但是学会了之后你要买他的一把京胡才行。

在冬季的傍晚，昏暗的灯光下，凛冽的寒风中，从街上传来凄婉的胡琴声，显得十分凄凉，这是老北京常见的一种景象。

路边酒摊

路边酒摊

老北京的爷们儿喜欢喝酒，在北京要喝酒特别方便，有钱的可以进饭庄、下馆子，好酒好菜享受一番；穷人可以去“二荤铺”“大酒缸”、小酒馆，白酒小菜，喝得舒服，吃得惬意，花钱不多，经济实惠。要说喝酒最方便的还要数路边上的酒摊儿，那是穷人喝酒的地方，卖的是白酒，下酒菜简单，就是煮花生和咸鸡蛋，这是最便宜的下酒菜了。酒摊就是在街边儿上支个布棚子，用以遮阳挡土。棚子下面搭着一张简陋的长条桌子，桌子上摆着一两个擦得油光锃亮的黑釉酒坛子和一些粗瓷酒盅。在桌子边上无论春夏秋冬都生着一个煤球炉子，那是烫酒用的。喝冷酒伤脾胃，喝热酒养身体，所以爱喝酒的人都喜欢喝热酒。特别是在冬天，喝上二两热酒，身上从里到外，立刻就感觉到热乎乎的，十分舒服。火炉子上面放着一个生铝盆子，一盆热水，里面烫着一溜二两和一两的酒壶，随喝随取，十分方便。这种酒摊一般设在城门口儿或者关厢，以及靠近城边的街口，这里人多，生意好做一些。来这里喝酒的顾客一般都是卖苦力的男人，例如拉洋车的、赶脚的、扛大个的，等等。干活儿干累了，到小酒摊一坐，来上一壶酒，一个咸鸡蛋，或者是一小碟煮花生，有的甚至就着一块老咸菜就能喝上二两。喝完了把嘴一抹，继续去干自己的活儿。

卖酒的一般都是老头儿，岁数大了，干不了力气活儿了，在路边上摆个酒摊儿，挣几个钱，多少也是一笔收入啊！

喝潮银子的

喝潮银子的

大概有的人看到这个名字会感到奇怪，“喝潮银子的”这是什么意思？这是老北京的一个买卖行当，也是一句老北京话，“喝”在这里是“吃”的意思；“潮”是“困难”的意思，从字面上来看就是“银子里面有水分”，他们专门“喝”银子里面的“水”，说白了就是乘人之危，赚人家的钱，因而这是一种乘人之危的缺德买卖行当，这种买卖早已经不存在了。

做这种生意的人每天走胡同串小巷，专拣别人家里遇到危难的时候做他的买卖。老百姓居家过日子，谁家也难免有个马高镫短的时候，例如家人得了急病，急需钱救命；老人突然故去，没钱置办棺木，急等着用现钱，思来想去，万般出在了无其奈，只好把家里值些钱的东西，例如金银首饰、翡翠玉石等拿出来，就近卖给他们，以换取现钱。他们知道卖主儿急等着用钱，因而就把价钱压得很低，自己趁机赚上一笔。他们出的价钱远比所卖东西应有的价值低上很多，但是一般都要略高于当铺所给的价钱，怕的是人家嫌钱少不卖了，而是送到当铺里去当。其实送到当铺里去都比卖给他们要强，因为送到当铺里去等有了钱的时候还能够赎回来，而卖给了他们，那就是肉包子打狗——有去无回了。谁家不到了实在没有一点办法的时候，也不会去做这种赔钱的买卖的。老北京人管做这种生意的叫作“喝潮银子的”，这个行当到解放以后就消失了，已经成为老人们的记忆了。

拉大锯

拉大锯

木匠的种类很多，有与瓦匠搭帮为人家做柁檩门窗的大木匠；有背着工具箱子走街串巷，干一些修理桌椅板凳、打制家具之类零碎活儿的小木匠，还有专门做木器家具的细木匠。木匠的基础工作就是“开木头”，把圆木破成所需要的板材或者方子木。早年间没有电锯，要破开木头全靠人力。把大圆木架起来，用绳子捆结实，以防滚动。按照所需要的尺寸放好了线之后，两个人用一把七八尺长的大锯，按照所画好的线把木头锯开。两个人一人一端，一个在上，一个在下，两个人要配合默契，向上拉的时候不用力，向下拉的时候要用力，因为锯齿是朝下的，很费力气。两个人要经常轮换位置，因为总是一个姿势谁也受不了。

在民间有一首哄小孩儿的歌谣，名字就叫《拉大锯》。坐在炕上，大人和孩子相对而坐，大人拉着小孩（不满1岁）的手，不停地按照节拍前后晃动，与木匠“拉大锯”时候的样子很相似，一边晃一边唱：“拉大锯，扯大锯，姥姥家，唱大戏，接闺女，请女婿，就是不带××（孩子的小名）去，叽里咕噜滚了去！”用这种方法锻炼孩子的胳膊以及腰部的力量，是一种不错的育儿游戏。

早年间木匠所使用的工具共有28种，按照木匠的说法，这28种工具代表着天上的28星宿，称为：量天尺、角木蛟、奎木狼、井木犴、斗木獬、斩龙剑等，这把大锯就是其中的“斩龙剑”，大圆木就像一条木龙，全靠这把大锯把它斩开，比喻得十分形象。

箍桶的

箍桶的

现在人们所用的水桶和盆子有塑料的、不锈钢的、铝的、马口铁的、搪瓷的，分量又轻又美观。但是在早年间，人们所用的水桶和盆子都是木头的，农村井台上打水用的是柳条编的笆斗，舀水的器具是葫芦瓢。这些盛水的用具自身的重量很大，用起来比较笨拙。木桶、木盆都是用一条条木板拼接起来的，外面用竹篾或者铁条箍紧。制作木桶和木盆的木板十分干燥，要一块一块地拼接起来，成为一个器具。当被水浸泡之后，木板会发胀，使得连接更加紧密，没有一丝的缝隙，因而不会漏水。木桶和木盆必须要经常使用，如果较长时间不用，也要用水浸泡着，因为一旦木头干燥就会紧缩，从而开裂或者变形，甚至散了架，轻则漏水，重则就不能使用了。木桶和木盆如果万一发生了问题，例如木板糟朽，或者是因为碰撞或者摔了而开裂了，怎么办呢？那就要请箍桶师傅来进行修理了，修理的费用总比买个新的要便宜些。早年间在北京的街头上经常能看到挑着担子的箍桶师傅，担子的一头是个木箱子，里面装着锯子、刨子、钻等各种工具，另一头装的是所用的材料，例如小木板、竹篾等，他们走大街串小巷进行“耍手艺”，等人雇佣。他们可以换掉破损的木板，重新打箍，把损坏了的木盆木桶修理好，虽然不是整旧如新，但继续使用还是没问题的。

民国年间，外国的洋油（煤油）大量涌入中国市场，废弃的油桶代替了木桶，木桶木盆逐渐淘汰，箍桶匠也就见不到了。

游方郎中

游方郎中

早年间，西医还没传入中国，给老百姓治疗伤病的都是中医大夫。中国自古不同于西方，宋代以前，对医生的称呼较为复杂，一般根据其专科进行称呼，如食医、疾医、金疮医等；从宋代开始，北方人对医生的尊称为“大夫”，南方人对医生的尊称为“郎中”。大夫和郎中本是官名。在家看病的大夫叫作“开医馆”，在药铺里看病的大夫叫作“坐堂”，四处游动走街串巷看病的叫作“走方”。直至近代，医生才成为从业医生之通称。在北京地区称为“先生”。

行走江湖的“游医”不吆喝，而是使用响器，这种响器名叫“串铃”，又叫“郎中铃”。串铃是一种用带有小孔的熟铁片翻卷打成的筒状圆环，比镯子略小，在环里装有几粒铁制的小圆珠子，圆环的外面留有一条缝。大夫手里拿着串铃，用食指、中指、无名指伸入铁铃的中间大孔内，用大拇指轻轻地一托，手臂举到比肩部略高的地方再摇动，小圆珠发出一连串的铃声，随走随摇。人们听到或者看到时，就知道是看病的先生来了。

走方郎中一般都右手持串铃，左手拿着一个白布招子，上面写着“包治百病”“药到病除”“祖传秘方”之类的“广告词”。其实这种人的医术并不高，凭借着经验，治个头疼脑热的小病还可以，要是大病可能就会被他们给耽误了。因为他们一是不懂医理，二是开完了药之后就走了，好与不好他全都不管了，即使是治死了人，你也没地方找他去。这种游医一般还卖自制的药品，人们都称他们是“卖野药的”。

倒水的

倒水的

“倒水的”也叫“推水的”，是老北京一个卖苦力的行业，从业者以山东人居多。山东人以山东出的好汉武二郎为自豪，因而北京人都称他们为“二哥”。早年间，北京城里没有自来水，人们都吃井水，从清末开始虽然有了自来水，但是供应范围很小，绝大多数人还是吃井水。北京是个缺水的城市，根据地下水水层的不同，井水有甜水，有苦水，甜水可以吃，人们用来饮用、做饭；苦水里含有许多矿物质，味道苦涩不能吃，只能用来洗衣服。北京以水井为地名的地方很多，什么“大甜水井”“小甜水井”“大四眼井”“小井”“双井”“王府井”，等等，其实甜水井并不多，并且都由水铺管理着，水井又叫“井窝子”，在井口上盖有一间房子，以保护水井的清洁，因而也叫“水房子”。水井有专人看管，以水卖钱。“倒水的”受雇于水铺，用一种木制的独轮水车，在车轮两侧各有一个长圆形的大水柜，上面有一个较大的方口，用于灌水，前端下部有一个洞，用木塞子塞住，这是放水口。在车的扶手处放有两个木桶和一条扁担。两大桶水重达四五百斤，没把子力气还真推不动。把水送到什么地方去，送到谁的家里，都是固定的，吃水的人家按月从倒水人的手里买水牌，按挑付钱，倒水人会把水用木桶挑进买水人家的厨房里去。这种独轮水车是老北京的一种特殊景观，在寂静的胡同里，老远就能够听见水车吱吱呀呀的声音。

有一首竹枝词如实地勾画了倒水人的形象：“草帽新鲜袖口宽，布衫上又磨着肩。山东人若无生意，除是京师井尽干。”

打小鼓的（1）

打小鼓的（1）

“打小鼓的”是一种收旧货的买卖人，他们不收破烂儿，专收值钱的东西。因为以小鼓作为响器，北京人把他们称为“打小鼓的”。

打小鼓的分为两种，所收购的东西不一样，用的小鼓也有差异，发出来的鼓声也不一样，老北京人根据鼓声的差异，可以明确地分辨出是哪种打小鼓的过来了，自己家里是否有适合的东西要卖。

第一种商贩使用的小鼓如同银元大小，鼓心比较小，用左手的大拇指和食指掐着小鼓，右手拿着一根藤条，敲打鼓面，发出来的声音是“梆、梆、梆”，能传出几十米去，在四合院里可以听得很清楚。使用这种小鼓的人专门收购金银首饰、珠宝玉器、古玩字画等贵重的细软物品。打小鼓的身穿干净的大褂，头戴礼帽，在胳膊下面夹着一个小包儿，也有的是在肩上搭着一个叠着的包袱皮。所收的东西因为贵重，体积都不大，买卖谈妥之后，用蓝包袱皮把东西一裹就走了。他们整日里走街串巷，做这种买卖的不吆喝，而是边走边敲打手里的小鼓，特别是路过大宅门儿的时候，他们会多站一会儿，因为只有在大宅门儿才能够收购到贵重的东西。民国年间，前清的一些王府、贝勒府破败了，坐吃山空，只好以卖家里的东西度日，如果拿出去卖，或者送到当铺里去，怕熟人看见自己会丢面子，所以就在家门口把东西悄悄地卖给打小鼓的。另外一些大宅门里的“败家少爷”整天吃喝玩乐，开销很大，家里给的钱不够用，就从家里偷出东西来，悄悄地卖给打小鼓的，换些钱再去花天酒地。

打小鼓的（2）

打小鼓的（2）

这种打小鼓的使用的小鼓稍大一些，行话叫“皮鼓”，有茶杯口大小，鼓心也比较宽大一点儿，敲打的时候发出“叭、叭、叭”的声音。做这种买卖的人以收购家常用品为主，当然也都是值钱的东西，例如古旧瓷器、红木家具、皮毛衣服，等等。因为所收购的东西体积比较大，或者数量比较多，所以他们一般是两个人搭伴儿。一个人穿长袍戴礼帽，边走边敲打手中的皮鼓，另一个人挑着两个竹编的箩筐跟在后面，走街串巷，寻找卖主。把收购来的东西装在箩筐里，用布盖上，再去另一条胡同里转悠。民国年间，原来的一些达官显宦、皇亲国戚失去了“铁杆的庄稼”，自己没有一技之长，又不愿意自食其力地去劳动挣钱，只有坐吃山空，依靠出卖家里的东西度日，卖完了金银细软就卖家具摆设，在当时，打鼓的主要是收购这些人家里的东西。也有些人是因为遇到了特殊情况，家里急等着用钱，只有变卖家里的东西。还有的是做生意亏了本儿的、欠了赌债的、抽大烟破了产的、家里有人得了重病的，都可能成为他们的收购对象，所以在当时这一行的生意并不算难做，在大街小巷中经常能够听见“叭、叭、叭”的皮鼓声。特别是在北京解放前的一两年里，局势不稳，社会动荡，经常有店铺关张、工厂破产的，卖房子抵债、卖东西还账的，还有的官员急于逃亡，甚至把家里的东西全部卖掉的。在这两年里，打鼓的生意最为红火。他们收购来的东西有的卖到了琉璃厂的古玩店，有的则摆在货摊上待价而沽。

卖估衣的

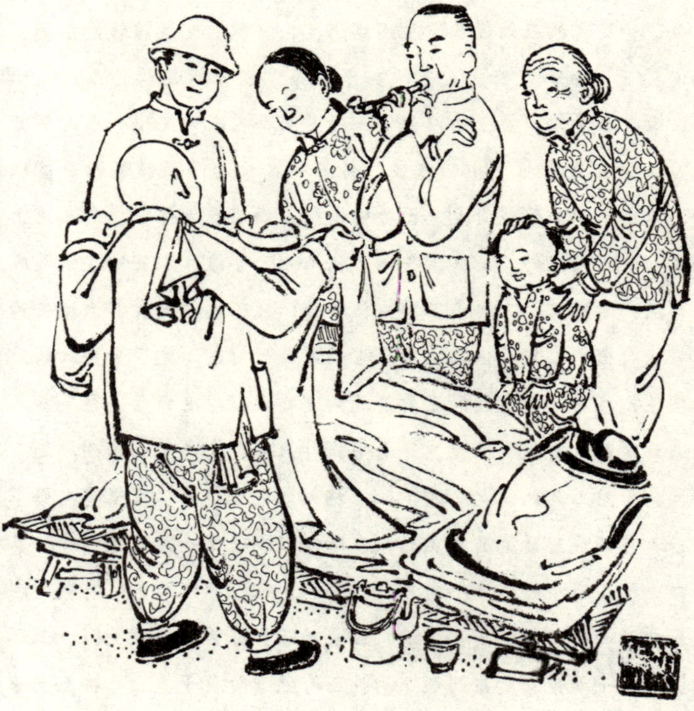

卖估衣的

“估衣”就是旧衣裳，“卖估衣的”就是卖旧衣裳的商贩。在过去卖估衣的一般集中在各处的庙会和集市上，所卖的旧衣裳一般是从天桥、崇文门外药王庙的东晓市批发而来的，也有自己从各处收购来的。商贩们把这些旧衣服包成一个大包袱，挎到集市上去摆摊出卖。有上衣也有裤子，论件卖。有的好一些，有的坏一些，有的新一点儿，有的旧一点儿，按质论价。卖估衣的把这些旧衣服洗干净，分类出售，如果是八成新的衣服还要熨烫平整，以图多卖几个钱。买估衣的一般都是穷人，有钱人很少去买，怕衣裳是从死人身上扒下来的。卖估衣的没有铺面，都是摆摊卖货。在平地上铺一块蓝布，把旧衣裳堆在上面，拿起一件衣裳，根据衣裳的式样、质地、尺寸、价格，一边抖搂一边高唱，都是自己编的词，合辙押韵，有腔有调，有的还带有一个小伙计，在他唱的时候，小伙计给他帮腔，十分好听。“谁买这一件皮袄啊原来当儿的啊，黢的油儿的里呀，福绫缎儿的面呀，九道弯亚赛罗丝转儿呀，上有白，下有黄，又有黑，起了一个名儿呀三羊开泰的呀。到了‘三九’天，滴水成冰点水成凌，别管它多冷，穿了我这件皮袄，在冰地里睡觉，雪地里去冲盹儿吧，怎么会就不知道冷啦。”他每唱一句，小伙计都在旁边搭一句腔：“不错！”卖估衣的行当在清代时就已经存在了，清乾隆年间杨米人的《都门竹枝词》和清末刘鹗的《老残游记》中都有记载。到现在，卖旧衣裳的摊贩依然存在，不过那种风味浓郁的吆喝声却再也听不见了。

私塾先生

私塾先生

私塾是我国古代私人所设立的教学场所，在我国两千多年的历史进程中，对于传播祖国文化，促进教育事业的发展，培养启蒙儿童，使学童在读书识理方面，起过重要的作用。

私塾的学生多6岁启蒙，入学不必经过考试，一般只需征得先生同意，并在孔子的牌位或圣像前恭立，向孔子和先生各磕一个头或作一个揖后，即可取得入学的资格，塾师多为落第秀才或老童生。私塾规模一般不大，收学生多者二十余人，少者几人。私塾教材为我国古代通行的蒙养教本《三字经》《百家姓》《千家诗》《千字文》《女儿经》《教儿经》《童蒙须知》，等等，学生进一步则读四书五经、《古文观止》等。其教学内容以识字习字为主，并且十分重视学诗、作对。

私塾的教学时数，一般因人因时而灵活掌握，可分为两类："短学"与"长学"。教学时间短的称为"短学"，一般是一至三个月不等，家长对这种私塾要求不高，只求学生日后能识些字、能记账、能写对联即可。而"长学"是学生准备通过科考，走仕途之路的。每年农历正月半开馆，到冬月才散馆，其"长"的含义，一是指私塾的先生有名望，其教龄也长；二是指学生学习的时间长，学习的内容也多。私塾在蒙养教育阶段十分注重蒙童的教养教育，强调蒙童养成良好的道德品质和生活习惯。如对蒙童的行为礼节，例如着衣、叉手、作揖、行路、视听等都有严格的具体规定。讲课时，先生正襟危坐，学生依次把书放在先生的桌上，然后侍立一旁，恭听先生圈点口哼，讲毕，命学生复述，其后学生回到自己座位上去朗读。凡先生规定朗读之书，学生须一律背诵。另外，私塾中体罚盛行，遇上粗心或调皮的学生，先生经常揪学生的脸皮和耳朵、打手心等。

拉洋车的

拉洋车的

洋车也叫“胶皮”，发明于日本，于清朝末年传入北京，大约在20世纪20年代成为了北京街头上的代步工具。拉洋车的分为“拉包月的”和“拉零份子车”两种，包月车是有钱人家自己买洋车，雇佣车夫，专供自己家使用。这种车一般都档次比较高，质量好，装饰讲究，代表着车主人的身份地位。拉包月的车夫一般都年轻力壮，并且善于快跑和长跑，他们一般都是穿戴主人家给定做的服装，显得干净利落。拉零份子车就是车夫在街上等客，也叫作“拉散座的”。零份子车又分为两种，一种是车夫自备的车，这种车一般都比较干净，装饰漂亮，车夫也穿戴干净利落，因而比较容易上座儿，一天能挣五六角钱。大部分的零份子车是穷苦人从车厂子里租赁来的。拉洋车的大部分是从乡下流落到城里的贫困农民，以及城市贫民。租车要先请某家车厂子里的一名车夫作为介绍人，经厂主面试合格后，再由租车人去找一家铺保，也可以自家先向厂子交纳一定数额的押金，也可以租到车。车厂子里的车分白天夜晚两班出租，白天租车叫作“拉早的”，晚上租车叫作“拉晚的”，一般以开关城门的时间为界，拉车的每天要向车厂子交“车份儿”。车价一般由5分钱起价，根据路途的远近而定价，可以讨价还价。北京拉洋车的有三个人最有名，一个是绰号“伊犁马”的赵玉山，一个绰号“草上飞”姓程，一个绰号“火车头”姓徐，三个人都以跑得快而著称。清朝末代克勤郡王晏森进入民国后穷困潦倒，也做了洋车夫，人们戏称他为“车王”。

脚行（扛大个的）

脚行（扛大个的）

在过去没有机械装运设备，搬运重物全凭人力，脚行就是依靠人力进行搬运工作的买卖，管理者称为“脚行头儿”，搬运工人称为“扛大个儿的”。脚行大多设在火车站、货栈、粮行、仓库附近，搬运装满粮食的麻袋，以及食盐、煤炭、木箱等沉重的货物，装车卸车，有的也从事短途运输。脚行头儿备有搬运工具，例如排子车、跳板、大筐、杠子、大绳，等等。脚行头儿负责承揽业务，在规定的时间内把一批货物搬运完之后，脚行头儿领来报酬之后，给搬运工人发工钱。“扛大个儿的”不但要有力气，而且还要有技术，50斤一袋的洋面，一次要扛4袋，码在肩头上有2尺多高，但是不能用手扶着，一只手叉腰，一只手前后摆动，疾走如飞，面袋不会掉下来。装粮进仓要就地卸货，他们在扛起麻袋之前，先把麻袋口打开一点儿，然后一只手抓紧袋口，将麻袋扛起，到达指定位置后，将抓紧的手松开，另一只手迅速把麻袋绳抽出来，这样麻袋口就完全打开了，这时候再把麻袋向前一甩，两只手迅速抓住麻袋后面的两个角，这时候麻袋就已经倒空了，然后把麻袋往肩上一搭再去扛第二趟。每个麻袋重达200斤左右，“扛大个儿的”扛着麻袋，有时还要走1尺宽、丈余长的跳板，还要一路小跑，上了跳板后按照跳板上下颤动的频率，调整好自己的步伐和速度，这样才不会从跳板上掉下去。脚行一般是采取封建把头式的管理，工人每扛一件货物，工头发给一根竹签，最后以竹签多少来结算工资。

卖过街烂的

卖过街烂的

“过街烂”是老北京话，就是旧鞋，形容这种鞋很不结实，穿上之后，从马路这边走到那边，鞋就破了。北京人说话非常形象，喜欢夸张，但是旧鞋不结实、不耐穿，这是事实。做这种买卖的人所卖的旧鞋，有的是从垃圾堆捡来的，有的是从收破烂的那里买来的，一般的都还有一定的使用价值，例如鞋帮子还不太破，鞋底子还能凑合，自己进行修修补补，钉巴钉巴，收拾好了之后，拿到地摊上去卖。好一点儿的就多卖几个钱，破一点儿的就少卖几个钱，价钱虽然很便宜，但是也总能卖上几个钱。过去一般人穿的都是布鞋，当时的道路也没有现在这么平整，因而很费鞋。有的穷人出外办事或者干活儿，鞋坏了，就买上这样一双“过街烂”，花钱也不多，但是却可以临时救救急。侯宝林先生曾经说过一段相声，在过去有一种卖鞋的骗人，白天不出来卖，到了晚上出来卖鞋，一次只卖一双。他有一次晚上演出后回家，在路上看见一个人在卖一双皮鞋，说是急等着用钱，无奈把自己的一双新皮鞋低价出售。侯宝林拿过来借着昏暗的路灯光一看，皮鞋挺板实，油光锃亮，价钱还挺便宜，就买了下来，心想今天可买了个便宜货，心里挺高兴，当时就换上了，想好好地美上一美。刚从马路这边走到马路那边，就觉得脚底下怎么这么凉啊？低头一看，原来是鞋底掉了，原来这双所谓的皮鞋是洋匣子板（硬纸板）做的。这种鞋才是真正的“过街烂”呢。

卖纸元宝的

卖纸元宝的

纸元宝是祭祀用的一种祭品，过去专门有卖纸元宝的。老北京有一种“京纸铺”，这是与供应书画用纸的“南纸店”相对而言的，专门卖婚丧寿庆等各种用纸，例如月光码、黄表纸、灯花纸、挂钱、烧纸、冥币、亡疏、麻纸、黄钱、千张、电光纸、彩纸，等等。其中有一种金银箔，大多是从南方采购来的，零售每沓100张，金、银纸各50张。每张长2寸5分，宽1寸8分。用这种金银箔折叠成“元宝”“锞子”。有的还要用线串成串，每串10个（金银各5个），下边缀以彩色的线穗子。纸元宝主要用来祭祀亡灵，过年祭祖也要用到纸元宝，祭祀完毕后烧掉，意思是让先人在阴间有金银元宝使用，生活过得富裕。一般过年之前和清明节之前是卖纸元宝生意最好的时候，平时也有买的，但是不多。要买纸元宝在平时可以去京纸店买，到了春节前就有小商贩在街上卖纸元宝了。他们拿着一个木架子，上面挂满了一串一串的纸元宝，黄的、白的闪着光，是当年北京街头上的一景。纸元宝属于封建迷信用品，解放以后就很少见了。

卖洋油的

卖洋油的

煤油灯多为玻璃材质，外形如细腰大肚的葫芦，上面是个形如张嘴蛤蟆的灯头，灯头一侧有个可把灯芯调进调出的旋钮，以控制灯的亮度。旧式煤油灯使用棉绳灯芯，灯头四周有多个爪子，旁边有一个可控制棉绳上升或下降的小齿轮。棉绳的下方伸到灯座内，灯座内注满煤油，棉绳便把煤油吸到绳头上。只要用火柴点着绳头，并罩上灯筒，便完成了点灯的动作，现在旧式煤油灯几近绝迹。20世纪六七十年代的时候，农村家庭大都使用煤油灯照明。

中国的油灯原来使用植物油，灯光很暗，自清末煤油灯被引入中国，美观的灯具、先进的燃料，以及科学的燃烧方式和数倍于老油灯的亮度，使它一下子吸引住了国人的眼球。特别是有些外国的石油公司，把煤油灯作为销售自己石油产品的敲门砖，推向中国的老百姓。他们给中国人提供免费的煤油灯具，甚至免费供应一部分燃油，让人们试用，而使煤油灯在北京推广开来。早年间北京没有煤油，从民国年间，外国的煤油倾销到中国，什么“美孚”“德士古”“亚细亚”充斥市场。当时北京人管煤油叫作“洋油”，有钱人家可以到洋行里去买成桶的煤油，小户人家日子过得紧，就在胡同里买零煤油。卖洋油的挑着两个煤油捅，走街串巷，零卖煤油。穷人家没有富余钱，一般一次把油灯灌满，能用个三五天的，用完了再买。在解放初期以及20世纪六七十年代，没有通电的农村地区普遍使用的还是煤油灯，计划经济时期，煤油要按票到供销社购买。

山背子

山背子

在过去山里的土特产品和生活日用必需品的输出和输入，除了部分用牲畜驮运之外，很大一部分都是靠人力背运。从事这项艰苦劳动的人都是无地以及少地的农民，人们称这种人力背运为“山背子”，称从事背运之人为“背子手”或“背大脚”。“背大脚”是一项很艰苦的工作，一天能挣五六毛钱。“背子手”什么都背，以秋天最为繁忙，除了干鲜果品之外，还常年背运鞍桥、鞍板、木炭、苦梨膏子、红棍等，这些东西都是要背运到北京城里去的。背子手用来背运货物的“背子”，是用荆条编成的一个坚固的大背篓，自重约十来斤，用麻绳结成一副背襻，襻根拴在篓子上，在篓子里可以装下一二百斤的货物。背子手最重要的装备就是一双旧布鞋，比新鞋软和一些，穿着比较舒服。此外就是一个装小米干饭的布口袋，再用麻绳串上几个咸菜疙瘩，一起挂在篓子的后面。其他的东西则放在篓子里货物的顶部，用绳子捆紧，行话叫作“浮捎儿”。仅空篓子加上所用的绳子就有二十来斤重，每个背子手还要准备一根丁字形的拐杖，行话叫作“拐子”。拐子的高度按照各自的身高而定，在立棍上钉一块二寸厚、四五寸长的小木板，背子手走累了就用它支住篓子底，这样就可以缓一口气了。背子手一天要走五六十里的山路，在路上一般都住最简易的客栈，自己做饭吃，一般是小米饭，吃剩下的装在饭口袋里，当作路上吃的干粮。货物运送到了地方，卸了货之后，虽然大家都十分劳累，但是却不能休息，要马上去找“回头脚”，即往山里运货的活计，好多挣点儿钱。

驴驮子

驴驮子

驴驮子是半山区、浅山区的主要运输工具。因为是依靠毛驴来驮运东西，人们就形象地把吆喝毛驴赶脚搞运输的人叫作“驴驮子”，也叫赶脚的、掌鞭儿的。驴驮子由数头小毛驴组成，小毛驴的背上驮着两个荆条编的篓子，俗称“拢驮”，用以载货。毛驴主要用来把山区的干鲜果品驮运到北京城里，运回生活日用品，一般是受商号的雇佣。牲口驮队五头为一把儿，一把儿牲口一般要用两个人来赶，前面一个，后面一个，牲口驮着拢驮或口袋，一头牲口能够驮二三百斤货物。在装货卸货的时候要两个人抬起拢驮搭在牲口背上，或者把拢驮抬下来。领头的牲口脖颈下挂着个大铁筒子形的铃铛，其他牲口都挂的是圆形的小铃铛。在路窄或坡陡的地方以及过河的时候，“赶脚的”要牵着牲口，以防出现不测。赶毛驴的鞭子鞭杆子短，长一尺三寸，鞭梢子很长，一般在走路的时候，赶脚的把鞭子挂在脖子上，在打鞭子的时候并不抽打牲口，而是甩响鞭儿，用声音指挥牲口的行进。俗话说“顺毛驴”，遇到上坡、过桥以及道路难走的时候，你越抽打它，它越不走，甚至会趴下耍赖。遇到这种情况就要给毛驴胡噜毛，耐心地安抚它，它才会听话，干活儿。赶脚的要懂得爱护牲口、照顾牲口，在途中住店休息的时候，要先把货物从牲口身上卸下来，给牲口喂上草料，饮了水之后，自己才能去吃饭。吃完饭后，还要去遛牲口，把牲口伺候好了，自己才能去休息。在夜里还要起来几次，照看一下牲口。

赶大车（1）

赶大车（1）

大车也叫马车。最讲究的是“大三套”，骡子驾辕，故叫辕骡，前边挂两个好马当梢子，叫“二龙吐须”；三个梢子叫“二龙吐须加穿套”。一般来说，骡子围着马转，骡马搭配很相宜。大车分下车与上车两部分，车轴、车轮为下车，车辕以上为上车。车轴多为枣木，两边各镶着几根铸铁的铁键，以耐摩擦。车轮四围钉着铁瓦，叫作“九辋十八辐”大车。车辕子有一丈二尺、一丈三尺、一丈三尺五寸长的几种，前边套牲口部分约五尺。载人的大车带有木栏，安装在车的左右两侧，设施十分简陋，在车上铺上席子以便乘坐，上面支个棚子为乘客遮阳就算行了。车钱按路途远近而定，经常从城里跑西山、通州两条线。一辆车可乘坐十余人。高级的载人大车叫作“马拉轿车”，装潢漂亮，乘坐舒适。专门用于营业性的载客轿车俗称“跑海儿车”，一般都停靠在车站、街口、城门脸儿等地方，专供临时雇用。轿车载客主要有两种，一是“短盘”（短途），二是“长趟”（长途）。“短盘”的顾客主要是娶亲的、送亲的、送殡的、上坟的、走亲访友的、拜年的，客人一般都是小康之家。“长趟”的主顾一般是那些城里头的大宅门儿，在乡下有地，每年由管家去乡下收租子，以及商号买卖家到附近的州县去谈生意或者是讨债的。无论短盘还是长趟，一般都是以天论价，极少有按趟计价的。在北京还有一种“趟子车”，按照固定线路营运载客，与现代的公交车相仿。例如从前门到西直门，中间设有西单、西四两站，每站只收一两枚铜元，既经济又方便。

赶大车（2）

赶大车（2）

运货的大车有两种，一种是“箱儿车”，车板两旁立着车箱，前后有荆编的车拍子，装煤时要用绳子拢住车拍子。另一种“平板车”是在车辕子上安上七根铺撑，其中四根要用螺杆将铺撑与车辕子拧牢，再在铺撑上用大帽钉子钉上车底板，两旁大边，边厚内薄，内与车底板平，也用螺杆将大边与铺撑拧牢，并露出二寸多，将来拴绳拢货物用。装载散装货物需要加装箱板，箱板铁棍插入大边再用铁钩拉住箱板，前后堵头插入在箱板上钉的木槽内。大车上最不起眼的是支车棍，它是为停车时支起车辕让牲口得到喘息的物件。赶车把式都随身带有一把刀子，是预防万一爬车或吊辕儿把牲口憋死，这时要迅速用刀子把套割断，把牲口救出来。把式的鞭子有独挑儿、大三股、大接把几种。鞭子分鞭脖子、鞭身、鞭梢三部分，鞭梢以狗皮最好。一般鞭子上点缀一撮红缨，一是作为装饰物好看，二是有“避邪”作用，给把式壮胆。由于早年间交通极其不发达，道路不平，特别是箱车走起来常发出“咯噔咯噔”的声响，遇到被称为“拽误”的地方更需要把式有赶车技术，使劲向外推，向里拉，牲口随着他推拉辕骡，尽量躲过和驶出坑洼进入平地。这时就要看牲口棒不棒和车结实不结实了，其中人的口令与牲口用力的配合是最为重要的。到1937年以后出现了仿瓦车，即在原来车轮外包上一层胶皮，后来又出现了气轱辘大车。大车载货运输主要是沙石、砖瓦、煤炭等笨重货物。民国年间在西直门火车站就有数十辆大车，从火车站往各处煤厂子运煤。

卖马奶的

卖马奶的

李时珍说："乳是阴血所造，生于脾胃，摄于冲任。奶汁味甘、咸，性平，无毒。甘，平。有补血，充液，填精，化气生肌，安神益智，长筋骨，利机关，壮胃养脾，聪耳明目的功效。小儿初生借以长成。强壮身体，周岁即宜断乳，必以谷食，始可培植后天。造物之功，不容穿凿。故大人饮乳，仅能得其滋阴养血，助液濡枯，补胃充肌而已。牛、马、蛇毒饮人乳解之。补五脏，令人肥白润泽。治疗眼红肿流泪，用它和豆豉汁服用，有神效。益气，治瘦弱，润肌肤，生毛发。"北京民间有一种通说，吃什么补什么。每个人都希望自己家的孩子身体强壮，健康成长。马的四肢矫健，能负重，善奔跑，能够日行千里。马奶是马产生的精华物质，因而人们认为，给孩子喝马奶，可以使孩子长得健壮。俗话说"人老先老腿"，老年人大多腿脚不便，如果喝些马奶，对于强健腿脚有好处，因而在当时有一部分人对马奶有需求。早年间，北京有卖马奶的，在当时鲜奶的储藏、运输都是解决不了的难题，更不会加工成奶制品，既没有现代的技术也没有先进的设备。为了保证马奶的新鲜，卖马奶之人牵着奶水充足的母马，走街串巷进行兜售，遇到有买主，现从马奶子往出挤奶，按照数量的多少论价。物以稀为贵，马奶的价格比牛奶、羊奶都要贵一些。刚挤出来的马奶散发着热气，有一种特殊的香味儿，对于喝奶的小孩和老人十分方便。

烟儿铺

烟儿铺

烟草最早源于美洲，考古发现人类尚处于原始社会时，烟草就进入到美洲居民的生活中了。那时，人们在采集食物时，无意识地摘下一片植物叶子放在嘴里咀嚼，因其具有很强的刺激性，正好起到恢复体力和提神鼓劲的作用，于是便经常采来咀嚼，次数多了，便成为一种嗜好。1558年航海水手们将烟草种子带回葡萄牙，随后传遍欧洲，16世纪中叶烟草传入中国。在卷烟传入中国之前，中国人吸烟有三种，水烟、鼻烟和旱烟。水烟袋的形状，各地大同小异。一般是底下有一扁圆形的水筒，里面装着清水；水筒上面连着长短、粗细各不相同的两根硬管。其中短而粗的为烟斗，装烟丝用；长而细且顶端弯曲的为吸管，供吸烟用。吸烟时，烟气先从水中通过，发出阵阵有节奏的“咕噜”声，然后才进入口腔中。这样既能达到吸烟的目的，又可减轻烟气对口腔的刺激。鼻烟是明万历九年（1581）由意大利传入中国的，其原料为经晾晒后的富有油分且香味好的干烟叶。制作时，先拍除烟叶上的沙土，再在碾磨上磨细，筛取，和入必要的名贵药材，然后封贮在陶缸内埋入地下，使其陈化一年以上，并窨以玫瑰花或茉莉花增加其香气。用时以手指蘸上烟末送到鼻孔，轻轻吸入。旱烟就指粉碎的烟叶，现在农村还有很多人在吸，吸旱烟一般用烟袋或烟斗。烟铺是卖烟叶、烟丝的店铺，分品种，按质量，按重量出售。自从烟卷传入之后，烟铺的生意逐渐凋零，现在已经很难见到了。

卖炕席的

卖炕席的

北京人在过去都睡土炕，土炕是用土坯或者炕砖砌筑而成的。为了防止炕土弄脏了被褥，人们都在土炕上铺一领炕席。炕席是用芦苇编织的产品，也叫苇席。白皮苇秆高笔直，骨节小，皮薄色白，苇质柔韧，是编席子的上等原料。苇席的规格品种很多，因为芦苇的高矮粗细不一，编织工艺的差异以及人们使用的习惯不同，所以各地的苇席也很不相同。进行苇编，一般需要准备以下工具：1.五尺：是计量苇席尺寸和利于编织的工具，用不宜变形的硬木制成，上面刻有尺寸。2.苇穿子：是把芦苇劈成苇篾片的工具，它可以把整根芦苇劈成为3片、4片、5片、8片等，多用硬木制成。3.拉子：这是把一整根芦苇一劈两片的工具。4.苇锊子：是锊掉劈开芦苇篾上面的苇皮的工具，用两个竹片或铁片制成。5.苇刨子：是把整根的芦苇去皮的工具。用铁片和弹簧钢制成。6.苇碡：是用来压芦苇篾片的工具，就像以前的碾子，用石头制成。7.撬席刀子：是在编织苇席过程中使花纹紧密的工具，用铁打造成型。编织苇席主要有踩角、席心、收边三个步骤：1.踩角：起头用5根苇篾摆齐，织的时候用苇篾要一根是根，另一根是梢，根梢轮换交替使用；2.织席心时要根据不同的花纹采用不同的编织法：有挑一压一法、挑二压二法、隔二挑一压一法、挑二压三再抬四法等；3.折边又叫窝边、撬边，是苇席编织中最后的一道工序；有焖茬席、舒茬席、压边席等。收边后，压平，苇席就成了。一般对苇席成品的要求是四边齐，席花紧密，尺寸足。早年间北京有卖炕席的小商贩，用扁担挑着两卷炕席，每卷5领，沿街叫卖。

巫婆

巫婆

巫婆就是假装鬼神附体，装神弄鬼骗取钱财的封建迷信从业者。巫婆自称能与神和鬼沟通，会使用巫术，通晓占星术，能预知人的吉凶祸福，能替人消灾解难、治疗疾病，以此来收取钱财，北京人称其为“跳大神”的。早年间，科学技术还不发达，人们对许多自然现象解释不了，特别是生了病，没钱请大夫医治，就认为是鬼神作祟，因而请来巫婆驱鬼驱邪，治疗疾病。巫婆的手段主要有请神、顶仙、瞧香、占卜、驱鬼除祟、掏魂等术，自称可以使神灵附体，自身获得法力，因而能把鬼魂驱逐，驱除邪祟。早年间北京民间信奉“胡黄白柳”四大门（狐狸、黄鼠狼、刺猬、蛇），人们认为这四种动物有灵性，巫婆家中一般都供奉有“仙人堂”，巫婆自称能够使用它们的灵性，做出人力所不能之事。其驱鬼的方式一般都是烧香、作法、念咒、画符，最后用香灰、符水假充圣药，给病人服用。凡使用这种方式给人治病的都是骗人的。有的巫婆粗通医术，能用简单的中草药、偏方、针灸治疗一些小病，以使人信服她，此外，这也是一种“精神治疗法”，对于某些病症确实有效，但是骗人的居大多数。有这样一个故事，一个小伙子假装有病，叫家里人请来巫婆给他治病。巫婆叫屋里人都出去，自己要作法请神。巫婆念了一通咒语之后，鼻涕口水一起流，说是神灵附体了，这时候小伙子从炕上爬起来，脱光了衣服，假装要侮辱她，巫婆连喊救命，外面的人赶紧跑了进来，小伙子问巫婆：“你的神呢？”巫婆说：“被你给吓跑了，你不知道吗？神鬼怕恶人啊！”

卖黄土的

卖黄土的

“卖黄土的”？黄土也能卖吗？是的，黄土也能卖钱。早年间到了冬季，北京人都用煤球炉子取暖，平时也要用煤球炉子烧水做饭。煤产自京西门头沟和房山，通过火车、大车、骆驼、骡子运进北京城。运来的煤叫作原煤，煤块、煤末混杂，煤块少，煤末多。煤末子做成煤球才能使用，要做成煤球就要使用黄土作为黏合剂，把煤末子打成盘，在里面放入黄土，在盘里放上水，把煤和黄土洇透和匀，制成煤球。秋季是北京人囤积过冬煤的季节，煤栈、煤厂子已经把从京西购进的原煤过了筛子，煤块、煤末分类出售，煤末要比煤块便宜许多，故而人们一般是购进煤末。煤铺购进煤末，制成煤球后，出售给市民，机关、学校、大商号、大宅门也购进煤末，雇人制成煤球，预备冬季使用。由于秋季城里人大量制作煤球，需要许多的黄土，这就给京城附近郊区的农民提供了商机，从郊外挖一车黄土，推到城里来卖。在秋季北京的胡同里经常可以听见这样的吆喝声“卖烧土来！”“烧土”即是黄土，因为是卖给人家做煤球用的，所以叫作“烧土”。黄土不论斤，而是论筐卖，卖黄土的都带有制子筐，一筐多少钱。用黄土作为黏合剂，使松散的煤末能够黏合在一起，制成煤球。在煤末里掺入黄土是有比例的，掺少了煤球会散，掺多了会影响燃烧，降低煤球的燃烧值。然而有一些煤铺故意往煤末里面多加黄土，因为黄土的价格远比煤末要便宜。《都门汇纂》里有一首《煤球诗》：“新兴煤铺卖煤球，炉上全无火焰头。可恨卖煤人作伪，炉灰黄土一起收。”辛辣地讽刺了那些弄虚作假、坑害顾客的商人们。

乞丐

乞丐

乞丐在北京叫作“花子”“叫花子”“老花子”，因为他们穿得很破，衣服上窟窿、补丁很多，补丁有各种颜色，就像穿了一件花衣服一般；又叫“要饭的”，因为他们是以乞讨为生。老北京的土话还把这种人叫“打闲的”，因为他们没有工作。花子中大部分是穷人，生活实在没辙了才去要饭的，特别是身体残疾、疾病缠身而丧失了劳动能力之人。也有的是因为家中发生变故而穷苦潦倒之人，特别是在民国年间有一部分人抽大烟、抽白面、扎吗啡，败光了家底，而沦为乞丐。还有一部分乞丐，年纪不老，也无病患，因为人懒惰，自愿当了乞丐。因为这一行身不动膀不摇就可以生活，他们说，要上三天饭，连饭都懒得做。此外，还有一种“兼职”乞丐，这种人自己有职业，可以维持生活，有的甚至已经达到了小康水平，这种人一般是“花子头”，执掌着一方的“杆儿”，故而也算是花子中的一员。这种人有自己的营生，不进行乞讨，只有在“丐帮”庆典或者有大事时才出面。乞丐有自己的组织，俗称“杆儿”。例如东城四牌楼三条胡同路北有“杆儿赵家”、西城有“杆儿陈家”，这都是著名的花子头儿。帮有帮规，违反帮规会受到处罚的。外界人称其为“杆儿”，他们自称为“大梁”。叫花子的乞讨方式很多，主要有要饭的、骗取的、“叫街的”、撒泼的、赶庙的、卖艺的、唱喜歌儿的，还有护街的等。卖艺行乞者是叫花子中高层次群体，主要是以各种响器进行伴奏，说快板、数来宝、唱喜歌，他们的演唱往往是根据现场情况，见景生情，临时现编词，现场演唱，行话叫作“抓眼”“现挂”，相声、快板的曲艺形式中现在还保留着这种方式。

卖松枝、芝麻秸

卖松枝、芝麻秸

松柏的种类很多，这里说的是马尾松和侧柏的树枝。芝麻原称胡麻，据说可能源于非洲或印度，相传是西汉张骞通西域时引进中国的。但现经科学考证，芝麻原产我国云贵高原。在浙江湖州市钱山漾新石器时代遗址和杭州水田畈史前遗址中，发现有古芝麻的种子，证实了中国也是芝麻的故乡。

从前北京人过春节讲究很多，有许多礼仪和风俗习惯。大年三十晚上要祭祖、祭神。祭祖、祭神的时候要在供桌上插上松柏树枝，有的人家还要搭上松亭。松柏枝四季常青，象征永久、高洁，具有一种美好的寓意。此外，还在院子里摆上芝麻秸，有钱人家把芝麻秸从住房门口一直铺到大门口，叫家里人特别是孩子们去踩，芝麻秸很干，一踩就碎，啪啪作响，取其谐音，“踩碎”（踩祟）踩掉一年的邪祟，迎来吉祥满门。此外还有一层意思，“芝麻开花节节高”，盼望着在新的一年里，家里的日子过得更好。最后把松柏枝、芝麻秸、神码子、亡疏、祭神大表、祭神钱粮等一起烧掉，腾腾而起的火焰象征着在新的一年里，事业发达，日子过得红红火火。

每年一过了腊月二十三，卖松柏枝、芝麻秸的就出现在北京的街巷里，一头挑着几大捆芝麻秸，另一头是大捆的松柏枝。这些商贩都是郊区的农民，芝麻秸是取了芝麻的剩余物，除去烧火也没有其他的用处，松柏枝满山都是，折取很方便，趁着过年，用这些东西赚几个钱。

报童

报童

报童一般都是穷人家十几岁的小孩儿，依靠卖报纸挣几个钱，以贴补家用。他们每天清早从报贩子手里批来报纸，到街上去叫卖，在过去报纸的一半以上都是由他们卖出去的。为了挣到批零之间十分之一的差价，不论寒暑，在热闹的街道上、车站、戏院、餐馆等处，都能看见他们的身影，听见他们的叫卖声。

1933年聂耳在上海联华影片公司工作时，结识了一位名叫“小毛头”的卖报女孩，了解到报童的艰难生活，就以她做模特儿，于年底写出《卖报歌》。1934年歌剧《扬子江暴风雨》公演时，特请“小毛头”本人扮演剧中报童，在舞台上首次公开演唱作为场曲的《卖报歌》，从此传唱开来，深受儿童喜爱。这首短小精悍的儿童歌曲以跳跃的节奏，活泼的音调，生动地刻画出一个天真活泼的报童形象。音乐的情绪乐观向上，对未来充满了希望。《卖报歌》曲调明快、流畅，并以朴实生动的语言，辛辣诙谐的笔调，深刻地描述了旧社会报童的苦难生活及对光明的渴望。歌词如下：

啦啦啦！啦啦啦！我是卖报的小行家，不等天明去等派报，一面走，一面叫，今天的新闻真正好，七个铜板就买两份报。啦啦啦！啦啦啦！我是卖报的小行家，大风大雨里满街跑，走不好，滑一跤，满身的泥水惹人笑，饥饿寒冷只有我知道。啦啦啦！啦啦啦！我是卖报的小行家，耐饥耐寒地满街跑，吃不饱，睡不好，痛苦的生活向谁告，总有一天光明会来到。

劁猪的

劁猪的

20世纪60年代之前，大部分农家都要养一口肥猪，过年前宰了，卖一大部分肉，自己家留下下水和少部分肉，到过年时吃。有的人家则是把猪卖了，再买些肉过年吃。一个村有几户人家养母猪，繁殖小猪出售，一片村有个别人家养公猪，到邻村配种。农民从庙会上买回小猪，凡是要育肥猪的都要劁，一般是小猪长到三四十天就得劁，要是不劁，它就开始“淘气”了。等劁猪的过来，就把小猪劁了。劁猪的就是阉割猪的手艺人，他们随身带着一个皮口袋，里面装着劁猪的工具，小刀、钩子、缝针和线，在小猪的睾丸或卵巢部位用刀割开，割去小猪的睾丸或卵巢，然后缝住就算劁了，劁了的小猪就只能生长发育成肥猪了。劁猪的带着一根带弯头的铁棍儿，弯头前端带着长长的红穗子，这既是他们做生意的招子，也是防狗的武器。劁公猪时，由主人抓了猪，摁倒在地。劁猪的用嘴叼着劁猪刀，双手抓过公猪裆下的一对卵子儿，捏住，再腾出右手，拿过刀。那把劁猪刀头部有半个鸭蛋大小，呈三角形，顶尖儿和两个边是锋利的刀口，后面有个手指长的把儿，末端带个弯钩，这个弯钩是给母猪预备的，劁公猪时用不上。将刀刃对准捏起的卵子儿轻轻划两下，伴着仔猪一阵撕心裂肺的哀号，两个像去了壳的荔枝果似的“肉蛋蛋”就落到事先备好的麻纸上。在伤口上撒上一些消炎药粉，用针线缝合后，就算是劁完了。

到了20世纪70年代，农村开始发展集体猪场，猪场都有专职或兼职的兽医，就能把要劁的猪给劁了，走村串街专业劁猪的就不见了。

街头针灸

街头针灸

针灸是针法和灸法的合称，针法是把毫针按一定穴位刺入患者体内，运用捻转与提插等针刺手法来治疗疾病；灸法是把燃烧着的艾绒按一定穴位熏灼皮肤，利用热的刺激来治疗疾病。针灸是中医学的重要组成部分，其内容包括针灸理论、腧穴、针灸技术以及相关器具，在形成、应用和发展的过程中，具有鲜明的汉民族文化与地域特征。针灸是一种中国特有治疗疾病的手段。它是一种“从外治内”的治疗方法，是通过经络、腧穴的作用，以及运用一定的手法，来治疗全身疾病的。在临床上按中医的诊疗方法诊断出病因，找出疾病的关键，辨别疾病的性质，确定病变属于哪一经脉，哪一脏腑，辨明它是属于表里、寒热、虚实中哪一类型，做出诊断。然后进行相应的配穴处方，进行治疗。以通经脉，调气血，使阴阳归于相对平衡，使脏腑功能趋于调和，从而达到防治疾病的目的。千百年来，对保卫健康，繁衍民族，有过卓越的贡献，直到现在，仍然担当着这个任务，为广大群众所信赖。

在过去北京的街头、庙会有摆摊，用针灸给人治病的，他们在摊位前面挂着一幅在白布上画的人体经络图，标以“金针”“神针”的招子，招揽生意。在过去医疗事业不发达，老百姓也没钱看病，到这里来扎上几针，头疼、牙疼、神经疼之类的病，也能够手到病除。但是给这个人扎完了，马上又去给另一个人扎，所用的针也不消毒，其卫生状况也就可想而知了。

捡粪

捡粪

粪便含有很高的氮和磷等有机物质，是很好的农家肥料。早年间没有化肥，粪便是农田的主要肥料之一，捡粪是农村普遍的一种农事活动。关于粪肥，在北京地区有许多农谚，例如：“庄稼一枝花，全凭粪家”“粪大水勤，庄稼长势不用问人”“种地不上粪，等于瞎胡混”，等等。早年间，在清晨时分，经常可以看见捡粪的老人，主要捡拾路上牲口遗留下来的粪便。

捡粪也叫“拾粪”，可以一举三得，一是为自家的农田积累了肥料；二是清洁了环境；三是老人锻炼了身体。早年间在北京地区承载粪便的工具主要有粪箕子和粪筐，也有用粪桶的；捡拾粪便的工具主要有粪勺、粪叉子。在过去常见一些勤快人连走亲访友、赶集上店都要带上它们，无论鸡粪鸭粪，还是猪狗粪，或是驴马粪，见粪就捡，常常满载而归。把粪便发酵后施到自家菜园、农田里去，促进农作物的生长。农民说：“捡粪如捡金，越捡越有瘾。”人们说这样的人是“过日子人”，这样的人家是“过日子人家”。“过日子人家”儿子好娶妻，闺女好找主儿。

邓拓同志对于捡粪一事有独到的见解，他说：“你看农民出门，总是随手带粪筐，见粪就拾，成为习惯。积累知识，也应该有农民拾粪的劲头，拾的范围要宽，不要限制太多，只要有用的，不管它是牛粪、马粪、人粪，一定要拾回来，让它们统统成为有用的肥料，滋养作物的生长。”

肥卤鸡

肥卤鸡

卤鸡是南方的叫法，北京叫烧鸡。卤鸡历史悠久、选料严格、加工精细、配方考究，以体大肉多、色泽金黄、鲜嫩醇香、风味独特而著称。传统制作方法是严格选用肥嫩的童子鸡作原料，精细制作而成。煮鸡的卤汤所用的调味品有酱油、白胡椒、丁香、大香、桂皮、草果、生姜、小茴香等。汤汁可连续使用，卤汤越陈，烧鸡越香。卤汤沸后，将已宰好洗净的鸡下锅，放入少许冰糖、食盐，同时视卤汤的消耗情况，增添上水及各种调味品即可。鸡入锅后，迅速盖锅，先用旺火烧开滚透，然后改用文火慢煮。待鸡熟透，卤味已入肉内，即停火捞出。鸡稍晾干，在鸡肉表皮上涂以香油，使其光泽明亮，卤色悦目，便可享用。

早年间北京的街巷中有卖肥卤鸡的小商贩，他们一般是在晚上出来，手里提着一个鹅蛋圆形三层屉的食盒，里面分别装着卤好了的整鸡、鸡翅、鸡腿，在电石灯的照耀下，红红的，发着油汪汪的亮光，看着令人垂涎。在食盒旁边挂着一个白布包的签筒子，里面装着竹签，在竹签的头上都涂有红绿颜色，红的多绿的少，颜色朝下，使人看不见，另一头完全是一样的。想吃鸡的人交一个大铜子就可以抽一次签，抽到了就可以吃鸡。人们都有贪便宜的心理，想用一枚大铜子就得到一只又肥又香的烧鸡，其实，卖鸡的小商贩没那么傻，运气好的得到一个鸡腿就算不错了，绝大部分人都是空手而归。

唱话匣子

唱话匣子

留声机又叫电唱机，是一种放置唱片的放音装置，为爱迪生的众多伟大发明之一，因为唱片能比较方便地大量复制，放音时间也比大多数筒形录音介质长。那种老式的留声机在反映解放前的故事片里还能看到：一个大匣子，用手摇启动，放上唱片，唱片随着机器转动，放下唱头，唱针划动唱片，声音就发出来了，旁边有一个“大喇叭”是扩音器。北京人管这种早期的留声机叫话匣子。早年间，留声机是个稀罕玩意儿，一个机器能唱歌、听戏，实在是新奇，因而吸引了不少的普通老百姓。在当时这种留声机都是外国制造的，价钱很贵，一般的人是买不起的，只有有钱人家才能玩儿得起，穷人家则只有望尘莫及了。

在当时有一种小贩，专门做给老百姓放留声机的生意。他们背着白布包袱，前头装着留声机，后头放着唱片。有的人家办喜庆寿事，例如老爷子做寿、给小孩办满月，想热闹热闹，也有的是没钱上戏园子听梅兰芳、谭鑫培等名家的戏，但自己又特别喜欢，都可以请“唱话匣子”的来，放上几段儿，过过瘾。老舍的话剧《骆驼祥子》里，虎妞他爹刘四爷做寿，七十庆九，是个大寿，又搭棚又请厨子，并且叫小顺子去借话匣子。由此可见，当时留声机在喜庆活动中起着助兴的作用。请唱话匣子的来，当然是要花钱的，人家就指着这个吃饭呢。小孩子对这种洋玩意儿尤其感到新奇，以为在机器里面藏着人在唱戏呢，所以在胡同里一看到唱话匣子的就紧追不舍，想弄清楚里面的奥秘。

倒泔水的

倒泔水的

泔水就是“厨余垃圾”，其中包括残羹剩饭、刷家伙水，北京人称其为“泔水”。北京城里酒楼、饭庄、小酒馆、饭铺、二荤铺足有上千家，每天所产生厨余垃圾的数量也是相当可观的，这么多泔水如何处理呢？早年间专门有人来收集厨余垃圾，然后运走，北京人管他们叫“倒泔水的”。

倒泔水的都是城外的人，他们每天傍晚时分进城，因为白天进城怕人看见脏兮兮的泔水恶心，天黑了，一是出来的人少了，二是人们也看不清楚他们运的是什么东西了。他们推着木轮车，车上放几个大木桶，收集完了一家再去收集下一家，趁着夜色把泔水里的稀汤剩水澄出去，倒进臭沟里，以减轻厨余垃圾的重量。因为北京城每天晚上要关城门，所以他们要在城里面蹲一宿，到了第二天清早开了城门之后才能出城。每天傍晚和清晨，人们都能听见倒泔水车“咯噔咯噔”的车轮声，看见倒泔水的拉车的身影。他们为挣几个钱，所付出的艰辛与劳动也的确不小。他们收集泔水也是有固定的地区、固定的地点的，不能够跑到别人负责的范围内去收集泔水。这些泔水人家是不会白给的，是要收钱的，这也是饭馆的大师傅和伙计们的一项收入。

倒泔水的花钱去收集厨余垃圾干什么用呢？郊区有养猪的，他们一般都是把这些泔水卖给养猪的作为猪饲料喂猪用，也有自家养猪的。除此之外，据说还有人从泔水里面捞出剩馒头、剩窝头，晾干了之后做成黄酱出售，不知是真是假。看起来要买黄酱吃，还是去买老字号的放心一些。

代写书信的

代写书信的

在过去穷人家的孩子上不起学，所以在社会上识字的人不多，也有的人认识几个字但是却写不了。有些外地人来北京谋生，要经常向家里报个平安；也有北京人在外地办事，家里人想念他，要经常联系一下；还有就是亲朋好友之间的联系，都要通过书信作为联系的媒介。自己不会写信怎么办？早年间北京城里有代写书信的，一般都在邮局门口，摆一张小桌子，桌子上摆放着纸墨笔砚，桌子前面的桌围子上写着“代写书信”几个大字。一位戴眼镜的老先生坐在桌子后面，显得很有学问的样子。人们可以在这里请他们替自己写一封书信，之后就通过邮局寄走了，也挺方便的。当然人家替你写书信，还要搭上纸墨，人家是不会白干的，这是要收钱的。

代写书信的一般都是失业的读书人，身不能挑担，手不能提篮，干不了体力活儿，就摆个小摊儿，利用自己的一技之长，代人写书信，聊以为生。一般都是别人口述，自己按照人家的意思进行书写，写好了之后要给人家念上一遍，人家认可之后才会给你钱，在电视连续剧《康熙微服私访记》中就有这种场景，康熙皇帝出外微服私访遭遇到重重危难，腹中饥饿难耐，但是没钱吃饭，因而代人写书信以换钱。当然这是杜撰。在过去写信都有固定的格式，开头结尾都有规定，只是书写的内容各有不同而已。到了春节之前，代写书信的生意就开始红火起来，过年时写书信的人多，除此之外，他们还替人写对联、斗方等，这样就可以多挣一些钱了。

卖大力丸的

卖大力丸的

“大力丸”本是一种疗效不错的中成药，其主要成分是冬虫夏草、牛黄、蛇胆、狗肾、鸡肾、枸杞子、肉苁蓉等，以独特的配方配制而成，纯中药无副作用。作用是调理身体免疫能力、提高身体素质，同时还可以提高男性的性功能。只是叫那些卖假药的毁了“大力丸”的名声，北京人讽刺那些说话不实，爱吹牛的人是“卖大力丸的”。

卖大力丸的都会一点儿武术功夫，以练武术来招揽观众，然后推销他的大力丸。在过去，天桥和各处的庙会、集市是他们主要活动的地方。卖大力丸的打开场子之后，练一套武术，拉硬功、耍大刀，显示自己强壮的身体，借此吹嘘自己的身体之所以这么棒，就是吃了大力丸的结果，促使你买他的大力丸。不过他们说得多，练得少，其主要目的是卖他的药。他们所卖的大力丸，绝不使用正经配方，也许真像马季的相声《拔牙》里所说的：“嗨！拳打少林，脚踹武当——有爷说了，那牛可不是吹的，火车不是推的。您是明白人，您心里话说了：真有这本事，还在界地儿打把式卖艺？这话说得不错：世道不古，人心不厚，本地的爷可都是心明眼亮，看看小的活儿是不是风霜锻炼，盘儿是飘是沉，劲儿是浮是韧，气儿是喘是匀，这月棍年刀一辈子枪，是瓷实活，还是个混不吝？本人久闻天涯码头是块宝地，车水马龙，藏龙卧雄，今儿到此讨教，请各位是贵手高抬。呔！各位大爷大婶叔叔阿姨老少爷们，有钱的您看过眼，觉得在下有那么五把抄，看出小的几十年不是干饭袋子稀屎桶，就扔仨俩的，没带钱的老板、乘凉嗑瓜子的大奶奶、三少爷、四太太、五大哥，您就给声好……”

卖芸豆糕的

卖芸豆糕的

芸豆糕是老北京的一种名小吃，在清代是一种典型的宫廷小点心。芸豆糕原本属于老北京的民间小吃，盛行于街头巷尾。芸豆糕用白芸豆泥，做成带馅的小饼和苹果，也可以用芸豆泥包上馅料，大多是红豆沙或山楂糕，揉成团，逐个摁在月饼模子里，然后磕出。芸豆糕色泽雪白，质地柔软，吃在嘴里香甜爽口，软而不腻。据说是慈禧太后听到大街上的叫卖声，引入宫中，一吃则欲罢不能。于是把此人留在宫中，芸豆糕变成了慈禧的御用甜点。芸豆糕与豌豆黄、艾窝窝一样，通常是清明时节的小吃。芸豆糕上下三层，红、白、紫三色相映，甜香微酸。其原料是：白芸豆600克，豆沙馅200克，金糕200克，白糖100克。将白芸豆洗净，用清水浸泡2小时，捞出洗净，放入锅内煮至熟烂，碾碎过箩去皮，白芸豆要煮至酥烂，过箩越细越好，成为芸豆泥。将豆泥分成两块，用刀拍成约1厘米厚，在一块上面抹匀一层豆沙馅，另一块盖在上面。在夹好豆沙馅的豆泥面上，放上一块同样大小的0.5厘米厚的金糕即可。食时用刀切成均匀的小块，撒上白糖即可。

在过去北京的胡同里有卖芸豆糕的，一般都是老头儿背着个木箱子或者荆条筐，他们所带的是芸豆泥，根据顾客的要求现场制作成型。买芸豆糕的有大人，但最多的还是小孩子。大人买芸豆糕是为了品尝美味，小孩子买是因为好玩儿，卖芸豆糕的带有各种形状的模子，你要什么形状，他就给你做成什么形状。没有模子的他就用手给你捏，什么小茶壶、小茶碗、小兔子、小公鸡，特别好看。

卖针头线脑的

卖针头线脑的

早年间，大姑娘小媳妇不许出门，在家里修习针织女红，做针线活儿，就离不开针头线脑之类的东西，在胡同里经常可以看见卖针线的小商贩。卖针线的既吆喝也用响器，他们所用的响器是拨浪鼓。这种拨浪鼓下面有一个长约二尺的木柄，在木柄的上部装有一个铜钹，悬挂于中间的铁圈之中，左右各挂有一个铁坠儿，用绳子系住。在铜钹的下面是一面皮鼓，左右也是各有一个坠儿。用手拿着木柄旋转摇动，铜钹和皮鼓同时发出声响。听见拨浪鼓的响声和小商贩吆喝“卖针卖线来……”一听见这种声音，住在四合院里的人们就知道是卖针线的过来了，大姑娘、小媳妇、老太太们就出来挑选自己所需要的东西。

卖针线的背着个木箱子，里面共有三层，每层都用木条隔开，分别装不同的东西，有用黑纸包着各种型号的钢针，有各色的棉线、丝线、顶针、剪刀，还有绣花的替样子、鞋样子，等等。有的不光卖针线，还卖香粉、胭脂、梳头油、胰子、头花儿，等等，反正都是妇女用品。卖针线的一般都是上了年纪的男子，小伙子是不干这一行的。有一出吉剧名叫《燕青卖线》，描写的是北宋宣和年间，任秀英兄妹到神州立擂。神州知府乘机挑拨，谎称当年任氏兄妹的师父铁罗汉立擂时受伤是被梁山燕青放毒箭所为，隐瞒了他唆使铁罗汉放箭伤害燕青的卑劣行径，并诬蔑梁山好汉是打家劫舍的贼寇。任氏兄妹中计，决定替师父报仇，撒下英雄帖，订于3月28日在开齐庙会上以立擂为名，招纳天下好汉共斗梁山。燕青、时迁奉命扮作货郎、乞丐潜入神州劝降任氏兄妹。里应外合，智取神州的故事。燕青也算是卖线当中的好汉了。

耍鸣丢丢的

耍呜丢丢的

“呜丢丢”就是小型的木偶戏，也叫“一人扮”“扁担戏”“耍猴儿傈子”。其名称来源是根据艺人口里含的小哨，吹出来“嘀呜呜”的响声，这是拟声的叫法。说得确切些，“呜丢丢”就是如今被称作“布袋木偶”古时的名称，又叫“手托傀儡”。这种木偶体形小，头部连在布袋上，外加服装。艺人表演时，用手伸入布袋，凭手指操纵木偶的动作，老北京称为“耍猴傈子”。表演、情节都比较简单，但是却极能吸引当时的孩子们。

艺人担副担子，一端是一个三层屉的大圆笼，另一端是粗蓝布裹着一个木框子。演出之前艺人先筛一阵锣，围观的人逐渐多起来。艺人将担子靠边放好，打开大包袱。这是一个大口袋，口袋嘴连着一个四方的木框子，艺人在框上用几块木制的景片，搭成了一个小舞台，艺人用扁担插入框架底部，往起一举，一座微型舞台背靠墙，稳稳当当地立在观众面前了。艺人钻进口袋里，敲打着锣，吹着笛哨吱吱地响。这就算开台了。演出的节目仅有两出，《猪八戒背媳妇》和《王小二打老虎》。《王小二打老虎》演的是一个少年到山中砍柴，被老虎吃掉了，然后又复活的故事。木刻的小孩儿头，身穿蓝上衣，腰系褡包，身后掖一把斧头，手握扁担，看不见下身。这出戏演完了，艺人从口袋里钻出来，手拿一面锣，“求口饭吃，帮一把！”《猪八戒背媳妇》与现在木偶剧团的演出差不多。艺人在口袋里不停地敲着锣，一个人模仿三个人说话，粗细嗓儿来回变，倒也热闹。为了混口饭吃，真怪难为他的。

耍狗熊的

耍狗熊的

“狗熊”就是黑熊，因为它容易驯养，旧社会江湖艺人耍的狗熊就是它。在过去，北京的街头上耍狗熊的大多是从河南、山东来的流浪艺人，他们一般选在街巷中比较宽敞的地方，或者在天桥、各处的庙会、集市上等人多的地方表演。艺人牵一只黑熊，沿街筛锣，边走边吆喝：“看看狗熊翻筋斗！”观众是一帮孩子，也有大人出来看。等观众有一定数量了，耍狗熊的就开始表演了。演出的节目比较简单，有狗熊扛叉、耍叉、倒立行走、打滚儿、摇虎撑、作揖等。狗熊体态拙笨，因而做出一些动作，颇能引人发笑。艺人打钱的时候，狗熊捧着锣，绕场向人行礼，鼻腔中还发出哼哧哼哧的声响，看那样子着实可乐。有人爱看狗熊行礼，就随手往锣里扔几个零钱。艺人一拽绳子，说：“谢谢！”狗熊就抬起爪子往额头一举，哼哼几声，人们哈哈大笑。艺人就在这笑声中，能挣几个钱，赖以糊口而已。

北京耍狗熊最有名的艺人是第二代的天桥八大怪之一的程傻子，程傻子又叫“程狗熊”，他的真名叫程福先。程傻子驯养的是一只黑熊，体形肥大，性情凶悍，但对主人程傻子却非常俯首帖耳，十分听话，所表演的一招一式都很出色。这只狗熊能由易而难逐一地表演作揖、磕头、直立行走、前掌摇串铃模仿江湖算命先生或江湖郎中、钻竹圈、蹬木球、耍扁担、拿大顶、翻跟头、耍钢叉、与人摔跤，等等。每逢表演完一场之后，程傻子便喂点儿东西给狗熊吃，顺手拍拍它的脑袋，表示鼓励。

锔碗的

锔碗的

“锔碗的戴眼镜——没茬找茬”，这是老北京的一句歇后语，描绘了锔碗的干活儿时的情景。“锔碗的”是一种挑着担子走街串巷的小手艺人，担子的一端是一个多层的工具箱，上面有一面小铜锣，旁边吊着一个螺丝帽当作锣槌儿，随着人行走时担子的晃动，小铜锣发出“叮当、叮当”的响声。担子的另一端是一个木箱子，里面是一个小火炉子以及木炭。他们边走边吆喝：“锔碗喽，锢漏锅！”过去人们的生活水平不高，好一点的瓷器不慎损坏了，如果仅是有一道裂纹或摔成了两三块，就可以进行修理，由锔盆锔碗的用锔子锔好。手艺人坐在马扎上，膝盖上垫一块厚布，把瓷器用棉线绳捆好，用钻在裂口的两侧打上眼儿。钻头有不同的型号，有粗有细，尖部是合金钢的。打好孔后，把锔子钉进孔里，把两端咬合，最后抹上熟石灰膏就算修理好了。在20世纪50年代，一个铁锔子三分钱，一个铜锔子五分钱，一般普通的瓷器例如盘子碗都用铁锔子，只有摆设用的观赏瓷才用铜锔子。铜锔子擦出来很亮，很美观。锔盆锔碗的最大的器物可以锔大水缸，在过去没有自来水，居民家里都是用水缸储存用水，一个大水缸价钱很贵，如果损坏了舍不得扔掉，就找锔盆锔碗的给锔好，还可以照常使用。

传说白塔寺的白塔底下是一个海眼，有一天裂了一个大口子，往出冒水，众人无计可施。这时候来了一个锔盆锔碗的老头儿，吆喝着“锔大家伙”，有人拿出盘子碗，他嫌小不给锔，有人拿来了大水缸，他还嫌小，不给锔，人们生气了说，白塔寺的白塔大，你锔得上吗？老头飞身而起，愣把白塔上的裂缝给锔上了，白塔转危为安，原来那个老头就是鲁班大师。

锢漏锅的

锢漏锅的

锢漏锅的有两种，一种是小炉匠，一种是锔碗的带锢漏锅。有的带徒弟，有的是一个人。锢漏锅小炉匠的担子一头是工具箱，另一头是一个木箱子里面装有焦炭、小火炉子和风箱，挑着担子，走街串巷，吆喝着“锢漏锅喽！”在过去，人们过日子全都紧巴，有谁家做饭的铁锅使坏了，漏了一个小眼儿，舍不得扔掉，因为买一口新锅很贵，不如去找锢漏锅的师傅给修理好，还可以照样使用。铁锅一般是铸铁的，不能用焊锡焊。锢漏锅是一门修理铸铁锅的特殊技术，简单地说就是用风箱吹旺焦炭火，用坩埚把铁或者铜熔化，堵住铁锅上的漏洞，漏锅就算是修理好了，保证不漏水，并且结实耐烧。

在修补漏锅的时候，先要把炉膛里的煤渣清理掉，换上一些热量高的好煤块，一般是易燃的焦炭，把用特种材料做成的、拳头大的坩泥锅子放到炉膛中间，锅子里放上一块生铁或铜片，拉风箱的速度由慢到快，吹火助燃，使温度升高。炉膛里的火苗先是红色，后是蓝色，当炉膛内的火变成了刺眼的白色时，锅子里的生铁也就熔化了，这时候把要补的漏锅准备好了，补锅师傅按照浇、堵、摁、抹的步骤，在三五秒钟内，迅速利落地就把漏锅补好了。有的铸铁锅摔裂了，他们也能修理，其方法就是先用锔子把裂缝锔上，其方法与锔碗的近似，然后再给锅打上一圈铁箍子，使之加固，防止再开裂，修好了的铁锅保证不漏水，可以照样使用。

变戏法的

变戏法的

所谓的“戏法”就是中国特色的“魔术”。戏法和魔术的区别在于，表演魔术是穿西服或者制服，而变戏法是穿中式服装。戏法儿的道具，大部分是劳动人民司空见惯的日常生活用品或生产工具，如盆、碗、碟、勺、笼、箱、柜、刀等，而魔术道具，大部分观众不熟悉，全靠特制而成。如，魔术棍、魔术枪、铁皮筒、魔术缸等。戏法儿的手法是“上下翻亮，里外交代”。表演前向观众交代双手时的姿态，必须上、下、反、正都要亮明，把盖布里外让观众看过。而魔术的手法是“上指下掏，左亮右掏”。当演员用手指向上空时，而趁机用另一只手掏出下面所埋伏的东西，故为“上指下掏”。当演员让观众看左手时，迅速将埋伏物用右手掏出，名曰“左亮右掏”。“戏法儿”和魔术的基本手彩活（即手上的技巧）各有四套，戏法儿是“丹、剑、豆、环”。丹，是吞铁蛋；剑，是吃宝剑；豆，是仙人摘豆（两个碗把七颗胶豆扣在一起，来回变幻，来去无踪，出入无影）；环，是指九连环，将铅丝制成九个铁圈，可变幻成显意式的形象性东西，如，三轮车、官帽、花篮、灯笼等物。

在过去北京的街头有变戏法的，一般在天桥、各处的庙会上以及街头人多宽敞的地方，当时变戏法的都是“撂地”，也就是没有固定的演出场子，而是随处打场子在街头上卖艺，所表演的都是具有中国特色的传统戏法。变戏法的手法叫作“门子”，秘密叫作“海底”。俗话说：“玩意儿是假的，功夫是真的。”戏法要变得好，使观众看不出来破绽，那是要经过长时间勤学苦练的。使人看了觉得神奇，不可思议，人家才会掏钱。

卖水缸卖盆的

卖水缸卖盆的

水缸、瓦盆、砖瓦等都是从窑里烧造出来的，因而统称为“窑货”，这些东西不怕磕碰、不怕日晒雨淋，可以在露天堆放，因而又叫“粗货”。在过去有专门的店铺出售窑货，这种店铺铺面房并不大，而货场子却比较大，堆放着各种型号的缸和盆子，供人们挑选。也有的把水缸、绿釉盆装在车上，运送到集市、庙会、街巷里去卖，利用敲打瓦盆作为响器，招揽顾客。

缸和盆用俗称“田底土”的优质陶土烧制。将陶土按照比例加上水后揉面般反复踩踏，使之变成“熟土”，揉土过程中还要将土中的石粒和杂质剔除出去。制坯分为两种，制作“小货”往往是两人，其中一人用脚使劲蹬着直径约有一米的轮盘旋转，另外一人坐在轮盘前用手将经过千锤百炼的“熟土”轻轻地拉和托，在旋转的过程中，通过手的拉、扶、修等技术操作把“熟土”变成一件陶器的初坯；制作“大缸”只需一人，先将“熟土”搓成一条，围成一圈，然后根据所做缸的大小，一圈圈地接上去，最后形成缸坯，制坯的同时用两把槌子反复捶打缸坯使其成型，成型之后再用布将缸坯外表搓光滑。将制成的坯件放在工棚里慢慢阴干，有些坯件也可放在太阳底下晒干。将坯件晾干后，根据需要用修坯刀修出线条或棱边，还可以刻出花纹等样式。阴干后的坯件进窑前要上釉。制陶上釉用的灰也很是讲究，大多是用灌木烧制的灰。陶坯在进窑前上了这种灰泡出来的釉水后，烧制出来的陶器外表光滑、色泽艳丽。将上过釉的陶坯放在窑中事先搭好的架子上。如果放坯的架子搭得不好，烧制出来的陶器就会变形走样。陶坯集中放入窑中后，四周围以松毛树枝，架起来进行烧制。经过一天一夜的烧窑，最后出来的就是陶器成品。

盲艺人

盲艺人

盲艺人就是指以卖艺为生的盲人，早在明代前期，说唱就已经成为了男女盲人的主要职业。瞿宗吉于《过卞梁》云：“陌头盲女无愁恨，能拨琵琶说赵家。”这是明代所见到的最早的关于盲女说唱的记载。陶辅在《花影集》卷四“瞿吉翟善歌”云：“往者瞽者缘衣食，故多习稗官小说，演唱古今。愚者以为高谈，贤者亦可课睡，此瞽者赡身良法，亦古人令瞽诵诗之义也。”这里指出了“演唱古今”是“往者瞽者”的“赡身良法”。清前期，李声振《百戏竹枝词》有关于康熙年间北方流行鼓书记载：“瞽者唱稗史，以三弦弹曲。名‘八板’……其词北方最盛。”阮葵生的《茶余客话》中有“盲女琵琶，元时已有之，至今江淮尤甚”的记述。这足见至清代前期，盲艺人的“弹琵琶”已从明代的“北方最多”发展到了“至今江淮尤甚”，而清初“三弦弹曲”的“北方最盛”，也说明南方同样较为流行。

盲艺人一般在傍晚时分出来，利用人们吃完晚饭之后，没事闲聊天的时间，给人们唱上几段儿，挣几个钱。盲艺人演唱形式以曲艺形式居多，例如大鼓书、单弦等，也有唱小曲的，以唱河北民歌为主。盲艺人因为看不见，所唱的段子一般都是口口相传，伴奏的乐器以三弦为主。演唱的段子以小段儿居多，例如《王二姐思夫》《大西厢》《宝玉探晴雯》《花厅相会》《太公卖面》，等等。秋季的夜晚，听到胡同里的三弦声，看见昏暗的灯光下盲艺人的身影，使人感到格外凄凉。

看手相

看手相

在过去为人算命的样式很多，有算“文王八卦”的、测字的、相面的、摇签的，还有看手相的。看手相的有一套理论，“左右手”在手相里代表意义为：左“先天”、右“后天”，右手是判断吉凶的主角，因此“判断手相”时，主要用右手来判断，然后再依据左手来做吉凶上的加减分。看手相一是看手上皮肤的颜色是否健康，二是看手上的纹路。人手上有九条线，第一是生命线，就是从大拇指与食指中间的掌边开始，往掌底走的纹路；第二是智能线，起点与生命线同，向小指方向走；第三是感情线，从小指下掌边起向食指方向走；第四是婚姻线，在小指下的掌边，介于小指和感情纹之间；第五是事业线，是从手掌底部往上升的纹；第六是太阳线，在无名指下的直纹，与事业纹平行；第七是健康纹，从小指下面向生命纹走；第八是创作纹，在无名指和小指指缝下斜的两条纹；第九是财富纹，在大拇指的第二节。人手上的纹路全不一样，有的长，有的短，有的深，有的浅，看手相的根据人手上的纹路，预测人的健康、寿命、事业、婚姻、财富，等等。

看手相的在街上摆摊，一张小桌，两个凳子，一块白布画着人手的纹路当作招子，这就可以开张了。俗话说“倒霉上卦摊”，看手相的滔滔不绝，口若悬河，唾沫星子四溅，有根有据，不由得你不信。其实这是一种迷信，人手上的纹路怎么能够决定人后天的命运呢？其实来看手相的人自己也并不一定相信，只不过是寻求一种暂时的心理安慰罢了。

走窑的

走窑的

门头沟盛产煤炭，在历史上是北京的主要燃料供应基地。开煤窑的称为窑主，煤窑所在土地所有者称为山主。窑主聘请总管负责生产事务，大作头负责技术问题，下窑挖煤、运煤以及相关的工人，称为窑工，俗称“走窑的”。走窑的大部分是外地的破产农民，以及本地的穷苦人。在过去，采煤完全是依靠人力，土法开采，穿着简单的衣裳，头上绑着一盏电石灯，用镐头、铁锨把煤挖下来，用背篓、洋铁桶、口袋把煤背运出来。在这些民办小煤窑里，采煤工按月发工资，背煤的窑工当天发钱，按照每个人背煤的数量，发给工资。工人把煤从井下背运出来，计算重量时按照煤窑的规定“老秤加二”，背一百斤算八十斤。

清代末年，在门头沟出现了外国人开的煤矿，其中最大的就是“中英煤矿”，引进了水泵、卷扬机、矿车等机械设备，但这只是为了提高产煤量而已，工人的生产状况并没有改善，他们对工人实行封建的包工柜制，利用封建把头进行管理，由包工柜在矿方承包工程，矿方把钱给包工柜，由包工柜再给工人发钱，在一元钱的劳动报酬里。工人只能拿到三四角钱，其余部分全被包工柜剥削了。原来在矿区有一首歌谣名叫《头字歌》：“身上披着麻袋头，脚下露着脚趾头，吃的高粱窝窝头，睡觉枕的是砖头，打骂工人是把头，压迫工人不抬头，井下黑暗常碰头，不知何时熬出头。”形象地描述了旧社会里窑工的艰苦生活。

修理桌椅板凳的

修理桌椅板凳的

木匠的种类很多，除去与瓦匠搭帮为人家做柁檩门窗的大木匠外，还有背着工具箱子走街串巷，干一些修理桌椅板凳、打制家具之类零碎活儿的小木匠。小木匠背着工具箱，里面装着刨子、凿子、斧子、墨斗、尺子等工具，手拎着锯子，走街串巷，边走边吆喝："修理桌椅板凳！"在过去，市民家里使用的家具都是纯木结构的，三五十年也坏不了，一旦有脱榫了、铆松了、撑子断了、腿子糟朽了等毛病，就要找木匠进行修理，否则就会越坏越厉害，这件家具就算毁了。如果修理修理，还和好的一样进行使用。

听见胡同里小木匠的吆喝声，主人把木匠叫到家里来，交代好要修理的家具，谈好价钱，所需木料由本东自理，按件数论价，一天干不完，第二天接着干。本东要给木匠沏好茶水，并且提供干活儿的方便，例如场地、板凳、熬胶的火等，如果本东管饭，则工钱可以适当减少一些；如果不管饭，那就要另加饭钱。如果活儿做得好，本东高兴，还会额外多给一些钱，叫作"酒钱"。有的人家使用的是硬木家具，修理起来费事一些，要使用相同的木料按照原样进行修理，工钱也要多一些。至于雕刻、打磨之类的细活儿则不是小木匠所能够胜任得了的，就要找"细木匠"来做了。小木匠也做简单的家具，例如小饭桌、板凳等，大一些的或者是复杂一些的家具他们是不做的，一是因为工序复杂，制作困难；二是技术性较强，自己胜任不了。做完了活儿之后，木匠要把场地打扫干净才能交活儿，做到有始有终。

煤窑开秤

煤窑开秤

“煤窑开秤”有两个意思，一是经过雨季之后，煤窑复工了；二是煤窑开秤卖煤了。在过去，由于科学技术尚不发达，民办小煤窑财力有限，到了雨季，地下水增大，排不出去，由于地下水聚集而影响采煤，小煤窑只好关窑停产，到了地下水消退之后再复工生产，俗称“雨来散”。一般是每年农历五月初一关窑，到九月初一再复工。开工也叫“开秤”“开磅”“拉门子”，在各处路口贴上“××煤窑于×月×日开秤，煤块每吨××元，煤末每吨××元”的纸条，作为广告。看到这个纸条，人们就知道这个煤窑开始营业往出卖煤了。

早年间，煤窑卖煤不论斤数，不用秤称，而是用制子筐量，制子筐用荆条编成，一筐煤五十斤。负责用制子筐量煤的人称为“勒制子”。因为用制子筐误差太大，后来逐渐改为用秤称重量。最初的时候没有磅秤，全都使用大型的杆秤，负责卖煤掌秤的称为“外秤”，掌秤是有技巧的，过煤是以筐为容器的，装满一大筐煤200多斤，掌秤的挂上秤，由两个人抬起来，使用这种大杆秤很容易做手脚，所以经常到小煤窑买煤拉骆驼的、赶大车的人都知道掌秤的手松手紧。他们尽量地和掌秤的搞好关系，时不长地请他喝顿酒，吃顿饭，送给他一点小礼物，花小钱能占到大便宜，过煤的时候，只要是他的手松一点儿，那就全都有了。煤窑的规矩是煤场里的煤不准卖光了，生意再好，即使是供不应求也不能把煤全都卖掉，总要剩下一小堆不卖，怕的是说“没煤了”“没有了”“卖光了”之类的话。煤窑忌讳这种话，认为不吉利，希望煤窑的煤永远卖不完，这样窑主才永远有钱赚，发大财。

江湖牙医

江湖牙医

俗话说“牙疼不算病，疼起来真要命”，牙疼是一种难以忍受的痛苦，所以牙坏了，能治的就治，不能治的就要拔掉。拔牙是口腔科最常用的治疗技术。因为拔牙可造成局部组织的损伤，引起出血、肿胀、疼痛等反应，也可能导致血压、体温、脉搏的波动，所以必须慎重对待。对心血管病、血液病患者尤应注意，否则会带来严重后果。牙齿缺失可以引起牙槽骨萎缩，邻牙和对颌牙移位或伸长，造成咀嚼障碍。前牙缺失直接影响发音和外观。儿童乳牙过早缺失，可造成牙颌发育畸形。因此，必须严格掌握拔牙的适应症，只有当牙齿对健康有不良影响，而又不能用有效方法治疗保存时，才考虑拔除。下颌最后一个磨牙阻生，常有牙龈盖覆，在牙龈与牙冠面之间形成一个深袋，易储存细菌与食物，引起冠周炎，并反复发作，为根除其痛苦，常需于炎症消退后拔牙。随着生活水平的提高，人们要求牙齿整齐、美观，为使前牙排齐而拔除一两颗前磨牙叫作减数拔牙，是矫正上前牙列不齐的常用方法之一。

在过去，医疗条件差，穷人也看不起病，牙疼就忍着，实在不行了的时候才去拔牙。拔牙也不上医院，而是找江湖牙医。江湖牙医一般在庙会或者集市上摆摊，他们的显著标志就是在摊子上摆着许多颗拔下来的牙齿。他们有的根本就不懂得牙医的理论，不具备行医资格，也没有必要的医疗设备，就像相声《拔牙》里面描述的一样，用普通的老虎钳子给人拔牙，既不安全，也不卫生，还可能引发其他的疾病。

治脚鸡眼的

治脚鸡眼的

脚鸡眼是脚部一种多见病，疼痛难忍，不能走路，因而必须治疗。鸡眼常常发生在足底、趾间、趾背和小趾外侧等长期受摩擦和压迫的部位，鞋子不合脚或过紧是引起鸡眼的常见原因。鸡眼是一种局限性圆锥状角质增生物，尖端深入皮内，基底露于表面，呈圆形似鸡眼，故得其名，亦称为“肉刺”。中医认为鸡眼是由于足部长期受压，气血运行不畅，肌肤失养，生长异常所致。治疗鸡眼的方法很多，千方一理，都是用各种药物使鸡眼软化，最后使之脱落。除此之外，最简单有效的方法就是贴鸡眼膏，但要有耐心，一直贴到鸡眼烂掉为止。千万不要自行用剪刀去挖，以免造成皮肤感染或溃疡。尤其是对于视力较差或者本来就有末梢血液循环障碍的患者，如糖尿病、冠心病或者下肢静脉曲张等更应该注意。预防鸡眼首先要矫正足畸形，穿着宽松、大小合适的鞋，减少局部摩擦和压迫。

在过去，医疗条件差，老百姓也看不起病，长了鸡眼在自己处理不了的情况下，只好去找江湖游医，在庙会和集市上有治疗鸡眼的江湖游医，他们治疗鸡眼主要是用自制的膏药，也有用刀挖鸡眼的。他们的药有的有效，有的无效，用刀挖鸡眼有很大的风险，可能因为缺少消毒设施而引发其他的疾病。

卖门神、挂钱的

卖门神、挂钱的

老北京过春节的讲究很多，为了营造喜庆气氛，讨一个吉利，贴门神、贴挂钱是必不可少的。门神是道教和民间共同信仰的守卫门户之神灵，将其神像贴于门上，用以驱邪避鬼，卫家宅，保平安，助功利，降吉祥等，是民间最受人们欢迎的保护神之一。道教因袭这种信仰，将门神纳入神系，加以祀奉。新春伊始，第一件事便是贴门神、对联。每当大年三十（或二十九），家家户户都纷纷上街购买春联，有雅兴者自己也铺纸泼墨挥春，将宅子里里外外的门户装点一新。此外，人们还喜欢在自家的门楣上，贴上一排色彩缤纷的“挂钱儿”。挂钱儿上刻镂着吉祥的图案和文字，和春联交相辉映，呈现出一派浓厚的乡土气息和辞旧迎新的节日景象。民间形成贴“挂钱儿”的习俗，来源于唐宋时的“幡胜”。唐宋时每逢立春日，人们便用银箔、罗彩剪成饰物或小幡，戴在头上或系在花下，用以欢庆春日来临。苏轼有诗云：“萧索东风两鬓华，年年幡胜剪宫花。”后来，人们用它来避邪，把幡胜放大，在立春之日，贴在门楣上。南宋吴自牧的《梦粱录》载：“岁旦在你……街市扑买锡打春幡胜，百事吉斛儿，以备元旦悬于门首，为新春吉兆。”这种锡打春幡胜就是最早的“挂钱儿”。

早年间北京人买门神像和挂钱可以去“京纸店”，那里是这种商品的专卖店，有各种神码子、纸印制的神像和各种祭祀用纸、日常生活用纸，当然也少不了挂钱。此外，还有小商贩走街串巷卖门神像和挂钱儿的。

修理雨旱伞的

修理雨旱伞的

早年间的雨伞有两种，一种是油布伞，一种是纸伞。油布伞是棕黄色的，纸伞以墨绿色和绛红色的居多，这两种雨伞都是木柄的，不同的是油布伞的木柄下端有一个钩形，可以用伞当拐棍使用，纸伞的木柄是直的，下面有个把手。旱伞也是纸的，比雨伞要小，但是比纸雨伞要精致，伞面一般都画有美丽的图案，以花卉居多，用旱伞的大多是有钱人家的女人，美观精致的旱伞给女人增加了美感。油布伞很结实，不容易坏，而纸雨伞则非常容易坏，特别是伞面，经常被剐破，伞支子是用棉线作为连接线的，也很容易糟朽。雨伞是夏天必备的用具，穷人家买把雨伞不容易，伞坏了就要找手艺人修理。

修理雨旱伞的以南方人居多，一般在夏季来到北京走街串巷，边走边吆喝"修理雨旱伞喽！"他们可以修补伞面、修理伞支子，甚至于换伞把。修理雨旱伞的一般是挎一个木箱子，里面有桐油瓶子、针线、高丽纸、刷子、胶水、伞把、伞条、伞支子、剪子、刀子等应用之物。修补伞面上的破洞一般是把一小块高丽纸用胶水粘贴在破口处，然后再刷上桐油就行了。伞支子如果断了，可以换一根新的，如果是线断了，可以重新换线拴好。修补油布伞比较麻烦，伞面破了，要像缝补衣服那样把破处缝补好，粘上一小块相同颜色的油布，然后再刷上一层桐油，晾干之后，就算是修理好了。一把破了的雨伞经他们一修理，又可以使用了。

收生婆

收生婆

收生婆也叫稳婆、老娘婆，是旧时民间的一种职业。旧时，女人在家生育需要有人助产，因而这行是不可缺少的。孕妇尚未分娩，亲戚便送来彩盆，盛满绣制彩衣、生枣栗果。分娩之前，收生婆也被早早地请来。在她的指挥下，产房所有的窗户都被封死，门关帐挂，闲人不得出入。收生婆还会安排下手，在灶间烧几桶开水备用。她所用的工具都是随身带来的，例如刀、剪子等。顺产尚好，婴儿落地，母亲平安。收生婆剪去脐带，收拾胞衣。用温水洗净婴儿，包扎好脐带，抱进堂屋，合家欢乐。生男孩叫作“抱璋”，生女孩就叫“弄瓦”。璋也好、瓦也好，母子平安是全家的大好事。如果碰到难产、横生、倒产，稳婆有经验、水平高，或可成喜。若不然，或产妇或婴儿只能保一个。再不然，则母子都难保。如果接生的器具不卫生，或是脐带包扎不好，胞衣清除不净，母子被感染，也容易导致死亡。一家人的希望，就可能在一瞬间变为泡影。

旧时由于科学不发达，卫生条件有限，喜事变丧事的情况时有发生。干稳婆这一行的多是中年妇女，而且是世代相传的手艺。只是家家都把这种手艺传给儿媳，而不传给女儿。因为她们认为，女儿出嫁后便是异姓之人，技术也会随之传给外家。凡是干这一行的，一般都会在门首挂一块带有“快马轻车，某氏收生”字样的招牌。意思是说，送子娘娘马快车轻，收生婆眼明手快。虽说稳婆的技术落后，枉送了许多生命，但在当时的条件下，她们接生助产，迎接了无数幼小生命，功绩是不可否认的。

擦皮鞋的

擦皮鞋的

20世纪二三十年代，北京开始流行皮鞋，于是擦皮鞋的行业也就随之出现了。擦皮鞋的以十二三岁的小孩居多，一个自制的小车，上面安装有一个木箱子，里面放有鞋油、刷子、破布等擦皮鞋的工具，在上面放一把破藤椅，这是给客人坐的。擦皮鞋的一般集中在东单、西单、王府井、前门火车站等热闹的地方。在过去擦皮鞋的经常碰上“白擦”的主儿，就是擦完皮鞋后不给钱的，宪兵、警察、地痞、流氓，有的穿着高筒的大马靴，擦一双鞋一盒鞋油都不够用，弄不好还把你的摊子给砸了，在电影《三毛流浪记》里，对于擦皮鞋小孩的苦难有真实的描写。

擦皮鞋看似简单，其实也是很有讲究的，会擦的不仅能使皮鞋光亮如新，而且还能延长鞋子的寿命，反之就会损伤皮鞋。擦皮鞋的正确方法是这样的：1.用大鞋刷轻刷整个鞋子，看看鞋沿的凸出部分有无沾染污垢；2.鞋沿或接缝等凹凸部分，用小鞋刷刷掉污垢细尘；3.松开鞋带，再用小鞋刷刷清从外侧不易见到的污垢；4.挤少许清洁油于布上，涂满整个鞋子，此时，最重要的是要将残留在鞋上的旧鞋油彻底清涂干净；5.拿另一块布，沾上少许的鞋油，涂满整个鞋子，鞋油大约取小指大小的量即可；6.涂满整个鞋子后，用干净的软布磨光整只鞋，细部也不得马虎；7.最后喷上防水雾。防水雾不仅能使鞋子防止水的侵袭，同时还具有不易沾染污垢的效果。防水雾干后，再将鞋楦置入鞋内。

供花、石榴花，捡样儿挑

供花、石榴花，捡样儿挑

“供花、石榴花，捡样儿挑……”一听到这种吆喝声，人们就知道，新年已经来临了。早年间，人们在过年的时候都要接神，把吉祥喜庆之神接进自己的家里来，保佑自己全家在新的一年里吉祥平安，万事如意，供奉神灵一项重要的供品就是供花儿。另外，过年了，女人都要打扮打扮，为了喜庆，一般的都要在头上戴上一朵小红花，石榴花红艳，花朵小，花型好看，因而人们都喜欢戴石榴花。春节时卖花儿的卖的不是鲜花儿，而是绒花儿。走街串巷卖花儿的以中老年妇女居多，所卖的花儿有的是自己做的，更多的是从绒花铺批发来的。

清末民初是北京绒花铺的鼎盛时期，北京的绒花铺分细作和普通两类，普通绒花铺都设在隆福寺、护国寺、白塔寺、土地庙一带。细作的绒花铺分别在崇文门外花市、东安市场集中。各种耍手艺的行当到了春节都要让伙计回家过年的，唯独绒花铺岁尾年头家家都是忙得不亦乐乎，先忙着扎佛前花、干鲜果子花、蜜供花，紧跟着就要攒头上戴的“五福捧寿”“恨福来迟”等各式各样的绒花了。哪家师傅如果想出什么别出心裁的新花样，就秘不示人地扎上几百朵，密密麻麻，一排一排地插在秫秸秆糊的纸匣子里，等正月初二拿到彰义门外财神庙专卖给香客“带福还家”。女人们买绒花精挑细选，只要式样别致，不怕价钱高。名绅巨贾烧完香进城，帽上也都要插上几朵红花，表示已被财神爷垂佑，福自天申。有些野老村姬用一块浅杏黄土布把头包起来，然后把各式各样的绒花插戴满头，让人一看就知道他是虔诚的香客进香回来了。

馄饨挑

馄饨挑

馄饨是老北京常见的小吃，四川人叫“龙抄手”，广东人叫“云吞”。北京人吃的馄饨分南派和北派，甭管馅如何，南方人做出的馄饨是元宝形状，北方人做的多为手推式，所以，北方人一般不说“包馄饨”，而说“推馄饨”。

老北京卖馄饨的多数为挑挑儿，馄饨挑儿是特制的，一头是点着的小炉子和汤锅，另一头是小柜子，柜子有若干抽屉放着作料、碗筷和皮馅，皮和馅要事先在家做好。卖馄饨的担着挑儿走街串巷，吆喝“开锅——馄饨”。20世纪40年代以后，卖馄饨的由挑儿改成了摆摊儿。所谓馄饨摊儿就是一个长约2米的两轮车，一头放火炉和汤锅，另一头放着放杂物的板，食客也可就这个板搁碗，老北京人讲究喝馄饨就芝麻烧饼，喝时要站着才有味儿。北京的馄饨以“馄饨侯”最有名，告诉您，所谓的“馄饨侯”可不是姓侯的一家的招牌，而是七家人合起来的。在20世纪50年代初，王府井老东安市场附近有七八家馄饨摊，1956年搞公私合营，这7个摊儿成立了一个合作组。到了1959年，7个馄饨摊儿的摊主觉得老到外头摆摊并非长久之计，决定合伙开个门脸，门脸儿选中了八面槽路北的一个铺面房，7个人合到一起卖馄饨。有了门脸得起个字号呀，7个人一合计，侯庭杰是组长，干脆字号就叫“馄饨侯”吧，于是就申请注册，找了个牌子，涂上白漆，上写“北京风味馄饨侯”。从此，“馄饨侯”这个字号诞生了，并且很快名噪京城。“馄饨侯”的7位合伙创始人是：侯庭杰、梁寿山、王俊孝、闻光新、张子元、陈清安、张世兰。

卖劈柴的

卖劈柴的

在过去，北京市民平日里烧火做饭，冬季取暖都用煤球炉子。煤球是用无烟煤的煤末子加黄土制成的，需要用木柴引燃，因而北京就有了卖劈柴的行业。卖劈柴的分为两种，一种是煤铺子卖煤球，代卖劈柴；一种是走街串巷卖劈柴的小商贩。煤铺子卖的劈柴大部分是从木厂子里收购来的下脚料，劈好了之后装在筐里，论斤卖。走街串巷的小商贩大部分是郊区的农民，他们的劈柴是农村的死树、干树枝子、糟朽的木头，不用花一分钱，自己把各种木头劈成直径1寸，长2寸，装在大筐里，一般是在冬季，用排子车推到城里去卖。因为冬季一是农闲了，在家里也没事干了，不如进城来卖劈柴挣几个钱；二是到了冬季，北京市民要用煤球炉子取暖，天暖和的时候穷人家可以不生火，买两个窝头，喝口凉水就凑合了。可是到了冬天必须要生火取暖，北京的冬季滴水成冰，特别寒冷，不生火可受不了，所以这个时候劈柴好卖。他们卖劈柴也是论斤约，普通人家一次也就买上三五斤的劈柴，能用上几回就行了，用完了再买。

北京人把点燃煤球炉子叫作“生火”或者“隆火”，方法是这样的：先把炉子掏空，准备好废纸、大小劈柴、煤球。先在炉子里面底下垫上一层烧过的乏煤球，把废纸点燃放进炉子里，再放入小的细的冗柴，引燃后放进大的粗的劈柴，劈柴烧旺之后放入煤球，然后再放上拔火罐，时间不大就可以把煤球引燃了。

摇煤球的

摇煤球的

“摇煤球”是早年间北京一项有代表性的民间手工业。北京地区从辽代就已经开始了规模性的采煤，从明朝之后，煤炭就已经成为了北京市民的主要燃料。在过去，北京城的煤铺子（煤厂子、煤栈）很多，几乎遍布每一条大街小巷。煤铺主要是购进煤末子制成煤球后出售，因而煤铺都雇有伙计，制作煤球，这些伙计俗称“摇煤球儿的”。

摇煤球的工具有大锹、平板方锹、剁子、花盆、筛煤用的筛子和摇煤球的筛子等。摇煤球一般要两个人合作，先把煤末子过铁丝筛子，把煤渣子筛出去，把煤末子打成盘，盘内放上适量的黄土和水，把煤和黄土和匀，然后堆成一堆。腾出一块平地来，先撒上薄薄的一层干煤末子。然后把和好的煤一锹一锹地端到平地上去，摊开，用平板锹抹平，大约为1寸厚。等摊好的煤上边能够禁得住人了，就可以切煤了。用剁子把煤切成1寸见方的小块儿，之后就可以摇煤球了。在地上放一个花盆，以花盆为轴，上面放一个用荆条编成的筛子，圆形，直径为1米，沿高约2寸，底上遍布指头大小的网眼儿。一个人往筛子里铲湿煤碉儿，一个人摇。摇煤球的两腿叉开，把腰弯下去，双手各把住筛子的一边儿。一筛子只能装两三锹煤，以花盆为支撑点，做圆周形的颠簸，把小的湿煤碉磨去棱角，并且使其变瓷实，成为乒乓球大小的圆球。摇完一筛子之后，倒在一旁的空地上摊开，以使其容易干燥，之后再摇下一筛子。秋季气候干燥，煤也干得快，下午翻动几次，到傍晚的时候就可以堆起来了，再吹上一夜，第二天就可以收进煤棚子里去了。

卖夜壶的

卖夜壶的

夜壶起源于北方，因为北方的天气比较寒冷，尤其是在冬季，屋子很冷，夜晚人们很不愿意钻出被窝下地去尿尿，特别是北京的四合院，茅房一般在院子的西南角，夜里出去尿泡尿会冻得够呛。为了解决这一困难，人们发明了夜壶，也就是用来接尿的尿壶，因为是在夜里使用，所以就把尿壶文雅地称为“夜壶”了。夜壶不是什么人都有资格使用的，小孩儿与女人就不能随便用夜壶。女人不用夜壶与生理结构也是有一定关系的，另外女人也觉得在被窝里尿尿不好意思，所以就很少有女人夜晚在被窝里尿尿。但上了岁数的女人也有在被窝里尿尿的，女人在被窝接尿的器皿通常是不叫夜壶的，而是叫“尿鳖子”。因为这种器皿要进被窝，所以男人对夜壶的质量要求很高，有钱有地位的男人的夜壶往往是金的、银的，稍微差一点的就是铜的，铁的少见。普通的夜壶是瓷做的，也有用陶做的，用陶做的就不太上档次了，也不结实，如果釉子上得不均匀的话还可能渗漏。

卖夜壶的小商贩一般是晚上出来，因为白天出来卖夜壶不雅。冬天的夜长，那些打夜作的、买卖地儿的（街口店铺）收得晚，卖夜壶的就到这些地方来卖。卖夜壶的吆喝出来是这样的：“夜壶哎——”今天的男人无论多大岁数也很少有使用夜壶的了，因为现在居住条件好了，即使在数九寒天，屋子里也很温暖，所以人们再也不会因为屋子冷而不愿意起来尿尿了，所以夜壶很少见，只有医院的病房里还有这种东西，不过都已经换成塑料的了。

卖蒲帘、狗窝的

卖蒲帘、狗窝的

蒲帘又叫苇箔，是用芦苇编成的帘子。芦苇是湿地环境中生长的主要植物之一，植株高大，地下有发达的匍匐根状茎。茎秆直立，秆高1—3米，节下常生白粉。它适应性广，抗逆性强，多生长在江、河、湖、海岸淤滩等地，由于芦苇的叶、叶鞘、茎、根状茎和不定根都具有通气组织，所以它在净化污水中起到重要的作用。芦苇茎秆坚韧，纤维含量高，是造纸工业中不可多得的原材料。蒲帘可以盖屋顶、铺床或当门帘、窗帘用。元代马祖常《都门一百韵》中有"巢橧尚羊裘，荜门仍苇箔"的句子，《清平山堂话本·蓝桥记》中也有"俄于苇箔之中，出双玉手，授甆瓯"的句子，证明蒲帘早在元代就已经被普遍使用了。蒲帘有许多用途，在夏天，人们买蒲帘挂在窗户前，用来遮挡阳光，效果比西洋的百叶窗并不逊色，既通风又透光。在盖房子的时候，用蒲帘铺在房顶上，作为第一层遮盖物，上面再铺泥，上瓦或者铺石板。蒲帘还可以当席子用，比如过年的时候，家家都要蒸馒头，大户人家就买蒲帘晾馒头用。农家也用蒲帘晾晒粮食，酱菜作坊常用蒲帘盖酱缸、咸菜缸，既遮挡杂物，又通风透气。

蒲草是广泛生长在中国的一种野生蔬菜，其假茎白嫩部分和地下匍匐茎尖端的幼嫩部分可以食用。蒲草是重要的造纸和人造棉的原料，还可以用来编织蒲席、坐垫等生活用品。蒲草的作用主要就是取暖，有一种用蒲草编织的狗窝，主要用来安置刚离开了母亲的小狗，蒲草压扁之后，又柔软又结实，商店里用蒲包来装水果。卖蒲帘、狗窝的小贩大部分来自白洋淀，挑着担子叫卖。

硬面饽饽

硬面饽饽

硬面饽饽是过去北京小吃中夜间供应的一种面食，也是常见品种。由于人们生活习惯改变、生活水平的提高，走街串巷卖小吃的减少，这种小吃也断了档。硬面饽饽用发面，一般发到5成，兑上碱戗干面，要硬一点，揉均匀，把揉好的面搓成长条，揪成75克的小团，包上20克红糖馅后按扁，要用花擀面杖交叉擀一下，擀出花纹后，用竹针在上面扎几个小透气孔，码入烤盘，入炉烤熟。要注意的是红糖馅的配制，比如用1.5公斤红糖，兑入干面300克、桂花100克、油50克，用手搓揉均匀。硬面饽饽的特点是筋道香甜。

过去在夜间有走街串巷的小贩出来卖硬面饽饽，一般都是老年人，挎着一个小筐，里面装着硬面饽饽，一只手里提着马灯，边走边吆喝：“硬面——饽饽”，在夜间能传得很远。在过去，拉洋车的、扛大个的有的是在夜间工作，有的人干活儿收工晚，还有的是在晚上出来打牌的，有时候饿了，就买上两个硬面饽饽吃，好吃而且禁时候，老舍的《正红旗下》就有卖硬面饽饽的情节。又甜又硬又干的硬面饽饽，未必符合现在大众的口味，何况制作工艺又复杂麻烦，因此逐渐失传。

硬面饽饽还是传统的“寒食节”食品。在各地的寒食习俗中，被誉为“寒食十三绝”的老北京寒食习俗最具代表性。在这13种食品中，如今，驴打滚、糖火烧、豌豆黄、焦圈、芝麻酱烧饼等都是街头巷尾的常见之物，唯独筋道香甜的“硬面饽饽”已失了踪迹，濒临灭绝。

乞丐（推车、拉小袢的）

乞丐（推车、拉小绊的）

这是一群十来岁的男孩子，说他们是乞丐是表示他们很穷，并且在某一个“花子杆儿”（乞丐团体）的势力范围之内混饭吃，衣食无着落，吃不饱穿不暖。但说他们是乞丐并不确切，因为他们和乞丐有很大的区别，他们并不向别人讨要，而是凭借着自己的力气干活挣钱吃饭。他们干活儿没有雇主，也不是给自己干活儿，但是每天都很劳累。他们是在道路的上坡、过桥、铁道路口等处揽活儿，帮人推车。过去北京的马路没有现在这么平坦，有的地方坑洼不平，有的地方是上坡，有的地方是拱桥，有的地方是泥泞。过去交通工具很不发达，在北京城里运输货物靠人拉的排子车、载客的主要靠人力车（洋车），拉排子车的和拉洋车的都是穷苦人。拉车的在过拱桥、上坡、过铁道路口的时候都很吃力，很希望能够有人帮忙。这群孩子站在道边，只要看见拉车负重的过来，就主动上前去帮忙。有拉洋车的过来，他们就在后面帮助推车，一直送到平坦好走的地方；有排子车过来，他们就在车辕子旁边临时拴上一根绳子，挎在自己的肩头，帮着把车拉过困难地段，这就叫作“拉小绊儿”。上坡之后，人家感谢他们，会给他们几个小钱。给多少随意，他们绝不会争竞。就是一分钱不给也没关系，他们也没有怨言，权当是帮助了穷苦的父兄，自己做了一回助人为乐的善事。在电影《三毛流浪记》中，有对推车、拉小绊儿孩子们的真实描绘。

粘扇子的

粘扇子的

中国的扇子起源于远古时期，我们的祖先在烈日炎炎的夏季，随手猎取植物叶或禽羽，进行简单加工，用以障日引风，故扇子有“障日”之称。扇子在我国已有三四千年的历史，经数千年沿革演变完善改进，已发展成为具有几百个品种的一个大家族。折扇古称“聚头扇”，或称为“撒扇”，或称“折叠扇”，以其收拢时能够二头合并归一而得名，早在南宋时期，折扇的生产就已经有相当的规模了。扇子蕴藏着丰实的文化内涵，古往今来，扇子与人们日常生活结下不解之缘，一把小小的扇子，不但已成为融实用价值与美学价值于一体的精美工艺品，还拥有很多扇子故事、传说和趣闻轶事。晋朝大书法家王羲之见一位卖六角竹扇的老妇生意难做，就在每个竹扇上各写五个字，老妇很不高兴。王羲之说：“但言是王右军书，以求百钱可也。”老妇拿出去叫卖，果然人们争相购买。扇面入字入画，使人赏心悦目，给人以美的享受。欣赏扇面书画务须细细品味，慢慢咀嚼其中的艺术意蕴。

春天四月间，胡同里就有粘扇子的小贩了，专为用主换扇面，配扇骨，烫扇轴，并且也卖成扇。粘扇子的手臂上挎着的货箱很有特色。这是一个带提梁的黑漆木箱，里手有柜门和抽屉，里面放着工具、材料，外手竖起一根二尺余长的木杆，冠以宝塔，顶上有红丝穗，横担木下面系着四串铜铃，粘扇子的挎箱走动时串铃齐响，不用吆喝，听见铃声人们就知道是粘扇子的来了。

打执事的

打执事的

“打执事”是中国北方婚丧嫁娶仪式中的一个组成部分。婚嫁打执事的，指在花轿前分两行列队，成双行走的人。丧事打执事的，举着旗、锣、伞、扇、肃静回避牌等，在灵前列队行进。打执事的大多是十几岁失学的儿童，打一次执事，可挣几吊钱补贴家用。一堂彩的执事包括：一对灯笼、一对开道锣、八面大鼓、一对伞、一对扇、一对金旗、一对金瓜、一对钺斧、一对朝天镫、一对镜子、一对小号、一对大号、四支唢呐、两盘笙、一对云锣、一对小镲、一对钹。

人的一生，结婚代表着成人立世，死亡表示一生的结束，所以在过去，人们非常重视人生的这两件大事，老北京人办红白喜事有许多讲究和礼仪，尤其是有钱人家把办红白喜事看作是展示自家财力、地位的一个机会，因而有钱人家在办红白喜事的时候，仪仗队伍是必不可少的。在北京把这种仪仗队伍叫作“打执事的”。在过去，经营喜事业务的喜轿铺、经营白事业务的杠房都备有仪仗（执事），包括服装、仪仗等，但是没有那么多人来打执事，临时雇人打执事，打执事的一般是半大的男孩子，其中有失学的男孩子、戏班里跑龙套的等。打执事没什么技术可言，换上衣裳，举着执事，排着队往前走就行了。打执事一次可以挣几吊钱，但是却没有人喜欢干，因为这个行当的社会地位非常低，和乞丐一样，被人看不起。打执事的都是临时雇用的，一次的事情办完了，他们各奔东西，喜轿铺或杠房下次再需要人的时候，再临时雇人。

卖半空花生的

卖半空花生的

所谓“半空儿”，就是果仁细小、干瘪的花生，有的只有一个仁儿，另一半是空的，所以叫“半空儿”。干果行、炒货店购进大批花生。把花生过筛子，过簸箕，把花生分类，有的进行炒制，有的用于剥仁，好花生卖一个价钱，分离出来的半空儿卖一个价钱。半空儿壳很薄，种仁皱皱巴巴的，很细小，不饱满，又不能榨油，但是炒好了之后口感很香，不腻人。旧时老北京人很好这一口，用以消磨时光。它的价钱十分便宜，仅相当于炒花生价钱的三分之一，按现在说。花五分钱就能买一大捧，几毛钱就可以买一堆。那玩意儿很轻，一脸盆也就是一斤多点。

冬天在胡同里，常有小孩、老头儿身背大麻袋，沿街叫卖：“半空儿，多给——”声音在胡同里回荡。因为价格便宜，颇受妇女和孩子们的欢迎，花几个小钱儿，就能买来一大堆花生，几个人坐在温暖的炕头上聊天、讲故事、打小牌、吃“半空儿”来消磨时间。小贩虽背大麻包，却并不沉重，简单易卖，很快售罄，满意而去。间亦有狡黠的摊贩，以“半空儿”掺入肥硕花生米中，论堆发售，待顾客购得吃时方知上当。卖半空儿的小贩每天清早到炒货店去趸货，也就是不交钱，先把货物取走去卖，第二天早晨再去取货的时候把前一天的货款结清，才能取这一天的货。做买卖最重要的就是讲信誉，如果到时你不结账，那么下一次人家就不给你货了。他们取货数量不多，一般只够当天卖的。

卖樱桃、桑葚的

卖樱桃、桑葚的

樱桃属于蔷薇科落叶乔木果树，成熟时颜色鲜红，玲珑剔透，味美形娇，营养丰富，医疗保健价值颇高，有“含桃”的别称。我国作为果树栽培的樱桃有中国樱桃、甜樱桃、酸樱桃和毛樱桃。樱桃花期3—4月，果期5月。成熟期早，有“早春第一果”的美誉，号称“百果第一枝”。据说黄莺特别喜好啄食这种果子，因而名为“莺桃”。其果实虽小如珍珠，但色泽红艳光洁，玲珑如玛瑙宝石一样，味道甘甜而微酸，既可鲜食，又可腌制或作为其他菜肴食品的点缀，备受人们的青睐。桑葚为桑科落叶乔木桑树的成熟果实，桑葚又叫桑果、桑枣，农人喜欢摘其成熟的鲜果食用，味甜汁多，是人们常食的水果之一。成熟的桑葚质油润，酸甜适口，以个大、肉厚、色紫红、糖分足者为佳。每年4—6月果实成熟时采收，洗净，去杂质，晒干或略蒸后晒干食用。桑葚既可入食，又可入药，中医认为桑葚味甘酸，性微寒，入心、肝、肾经，为滋补强壮、养心益智佳果。具有补血滋阴，生津止渴，润肠燥等功效，主治阴血不足而致的头晕目眩，耳鸣心悸，烦躁失眠，腰膝酸软，须发早白，消渴口干，大便干结等症。

每年5月，街上就开始有卖樱桃、卖桑葚的了。有的提着篮子，有的用小车，下面垫着一块用水浸湿了的蓝布，樱桃上面盖着核桃叶，买的时候不用秤约，而是用茶杯量，然后用核桃叶或者荷叶包好了给你。樱桃和桑葚是下来最早的鲜果，颜色鲜艳，十分可爱，北京人喜欢尝鲜儿，因而这两种水果都很受欢迎。

杠夫

杠夫

杠房在北京已存在多年，杠房业本是出租葬礼仪仗的，包括满汉两族各种仪仗执事，如罩棺材的绣花缎子棺罩，仪仗队用的开道锣、伞、扇、旗、牌、车、轿、硬器等设备。杠房平常柜上只有三五人看守门市，等候顾客，遇有大事，可临时请同行帮忙。杠夫受雇于杠房，指挥者称为“杠头”。响尺是杠头发号施令的工具，用坚硬木材制成，有二尺长，一寸多宽、厚。还有一根一尺长的圆檀木棍，把它和响尺用一丈二尺长的绒绳连接在一起，用短的打长的，响声高昂清脆。全体杠夫及执事前引等起落走步，均以尺响为号，不许乱说乱动。如在行进中发现有个别人不听指挥，杠头有权当头一棒，打流了血也不得抵抗，这是行规。响尺还有一项用处，起杠前用来乱打梆子，使远近人等都闻声聚齐，各就各位，各操各业，谁拿什么工具，谁和谁一条杠，都扶起来。各行都齐备了，响尺只打一声，全体人就一齐上肩抬起开步走。

遇到讲究的人家，特别是使用三十二杠的，要事先演练，俗称“演杠”。把杠绑好，上面横放木板，木板上放一把椅子，椅子上放一碗清水。无论起肩、换肩和落肩，总要保持一碗清水四平八稳。所有杠夫起肩、行进、换肩和落肩，都听响尺的声音。竖打三声，意思是慢步走；横打三声，意思是快步走；横着连续打好几下，意思是换肩；到达墓地，横打六下，摘肩落地。经过“演杠”，杠夫们要记清楚自己所在位置，和谁是一条杠，以防乱套。到了目的地，杠头响尺横打，大家一齐摘肩落地，然后由做活的将灵柩抬起到坑口下葬，行话叫“登坑下葬抖绳散”。

筑路工人

筑路工人

早年间，北京没有一条像样的道路，1900年之后，大量的洋玩意儿传进了北京，形势所迫，清政府也实行了一些新政，其中的一项就是着手对北京的道路进行改建。改建的方法是把路面铲平，路中间铺设条石和水泥，作为人行道和轻便车道，中道两侧设排水沟，左右两侧是重车道。这种路面的设计与现代的马路差异很大，但这种设计是符合清朝末年北京城实际情况的。当时的“重车”是指运输货物的载重马车，速度很慢，“轻便车”是指洋车和数量极少的汽车，行人包括步行的和坐车的、乘轿的。乘车、坐轿之人，以当官的居多，他们出行当然要走马路中间，否则就是有失身份。娶媳妇的花轿要走道路中间，这是千百年传下来的老规矩了，轻易更改不得，因而当时马路上的交通安排是合理的。当时按照这个标准重修的马路有崇文门大街、王府井至安定门的道路、东长安街、灯市口、朝阳门大街、鼓楼大街等。

北京修马路实在不是一件容易事，从自然条件来看，北京的土质是黄沙土，土质松散，再加上降雨少，因而极易损坏。从人为方面来看。北京当时的交通工具主要是马车、洋车，特别是载货马车都是铁轮，载重又大，土质路面不堪重负，极易损坏。一直到北京解放时，北京城的道路也没什么改善。当时的筑路工人俗称“修马路的”，他们大多来自山东的灾区，流落到北京干这种无冬无夏的苦差事。当时修马路没有机械设备，一切全靠人力，几吨重的钢铁的大碾子全凭人力拉着在马路上来回地轧。

茶摊

茶摊

中国的茶馆由来已久，据记载两晋时已有了茶馆。茶馆的称呼多见于长江流域，两广多称为茶楼，京津多称为茶亭。此外，还有茶肆、茶坊、茶寮、茶社、茶室、茶屋等称谓。茶馆与茶摊都是专门用来喝茶的。不过茶馆与茶摊相比，有经营大小之分和饮茶方式的不同。茶馆有固定的场所，茶摊没有固定的场所，是季节性的、流动式的，主要是为过往行人解渴提供方便。老北京的茶馆不仅供茶客品茶，而其文化内涵极丰富，茶馆分清茶馆、书茶馆、棋茶馆和野茶馆等，更有为数众多的季节性茶棚。

茶摊是普通老百姓光顾的地方，就是小贩临时在街边摆摊卖茶水，在庙会、城门脸儿、天桥、后海等地方都能看见这种茶摊儿。茶摊的陈设很简单，一副铺板搭起来就是茶桌，几个小板凳就是茶座，几把茶壶、几个粗瓷的茶碗收拾得干干静静，茶叶桶里放着一小包一小包的茶叶，旁边的火炉子上有滚开的水壶。这就可以开张做买卖了。到这里来喝茶的一般都是普通市民，不为品茶，就为解渴。除此之外，还有一种茶摊，卖茶水兼卖烤白薯之类的食物，上面搭着个棚子，下面搭着一个大高炉，炉台长丈余，这就是茶桌，周围放着几条板凳，这就是茶座。来这里喝茶的以穷人居多，到了冬天这里的生意最好，拉洋车的、行路的、走街串巷的小商贩走累了，到这里坐下来喝壶茶，趴在炉台上，一边喝茶一边暖和着身子，带着干粮的可在这里把干粮烤热，没带干粮的如果饿了，可以在这里买上两块烤白薯吃。干粮也吃完了，茶也喝完了，身子也暖和过来了，起来继续去干自己的事。

耍耗子的

耍耗子的

小白鼠是野生鼷鼠的变种，属于脊椎动物门，哺乳纲，啮齿目，鼠种，京津两地称老鼠为耗子，因而称小白鼠为“小白耗子”。在过去有人对这种小白鼠进行饲养、驯化，让它做各种游戏，用于表演，借此挣几个钱，老北京称这种人为“耍耗子的”。玩这些玩意儿的大部分是京南的农民，利用农闲时间到北京城里来“耍耗子”挣几个钱。

“耍耗子”的艺人背着一小木箱和一个特制的木架子，在架子上安装着小宝塔、小吊桶儿、秋千等道具，小木箱内装着已训练好的小白鼠。他们走街串巷，沿街吹唢呐作为响器，招揽看客。在一般的时候，他们身后跟着的孩子比较少，因为他们平时不在街上演出，而是由主顾讲价钱，叫到家内去演出，在没有人雇请的时候就在街头表演。这时候他们会鸣锣、吹唢呐，用以招引观众。演出的时候，将木箱上的木架子支起来，样子仿佛是马戏团高空演出木架的微缩品，然后从架子上端斜拉下两个软梯，再将小道具安装齐全，最后打开木箱盖儿。随着艺人的锣声，木箱内的数只小白鼠便会依次跑出来，沿着绳梯爬上木架，表演钻塔、钻圈、汲水、打秋千、盘杠子、跳舞等，样子滑稽可爱，深受观众特别是孩子们的喜欢。“耍耗子”的在清代时就已经存在了，清代富察敦崇的《燕京岁时记》里就有记载：“耍耗子者，木箱之上缚以横架，将小鼠调熟，有汲水、钻圈之技，均以锣声为起止。此杂耍主要在胡同表演，深受儿童的喜爱。”

卖盆的

卖盆的

居家过日子离不开盆子，在厨房里用盆子来和面、盛水，妇女洗衣服、人们洗脸洗脚，都要用到盆子。早年间没有搪瓷盆、不锈钢盆、塑料盆、铝盆，只有木盆和瓦盆。其中使用最多的就是绿釉瓦盆，因为价钱比较便宜。北京人把这种瓦盆叫作“绿瓷盆”，其实它并不是瓷的，而是一种陶器，用黏土烧制而成。绿釉子一般涂在盆子的里面，这是为了光滑美观，并且不渗水，外面一般不涂釉子。在盆子的上口有向外翻卷的沿儿，以方便人们端盆子。此外，还有一种灰瓦盆，上面不挂釉，这样的盆子虽然也可以盛水，但是渗水，除去用来和面之外，一般不用来盛水。在过去北京郊区很多地方都烧过瓦盆，丰台区有地名叫白盆窑，延庆县有个村子名叫盆窑村，都是因为在历史上烧瓦盆而得名的。

卖瓦盆的推着一辆两个轮的车，这种车没有车把，车身很窄很长，可以装很多盆子。盆子有大有小，几个大小不一的盆子摞在一起，算是一套。北京有句俗话，“卖绿盆的——一套一套的”，经常用这句话来比喻能说会道之人。其实这样把几个盆子摞在一起还有一个好处，那就是可以在车上多装一些。卖盆儿的不用响器，而是靠着吆喝：“卖大小绿瓷盆哟——”声音很大，半条胡同都能听见。人们听见吆喝声，需要买盆子的就出来挑自己所需要的盆子。挑盆子一是看盆子的形状是否规矩，二是看是否有破损，三是用手指关节敲击几下，听听声音，以判断是否有裂纹和胎质是否瓷实。

卖豌豆黄的

卖豌豆黄的

豌豆黄是北京春夏季节一种应时佳品。豌豆利小便、止渴，和中下气，解疮毒，消炎，去除暑热，有降血压、除脂肪、减肥之功效。原为民间小吃，后传入宫廷。按北京习俗，农历三月初三要吃豌豆黄。因此每到春季豌豆黄就上市，一直供应到春末。北京的豌豆黄分宫廷和民间两种。民间的叫作“糙豌豆黄儿”，是用白豌豆去皮，以两倍于豌豆的水，将豆焖烂，然后放糖炒，再加入石膏水和熟枣搅拌均匀，放入大砂锅内，俟其冷却成坨后，扣出来，切成像切糕一样的菱形块，放上小片金糕以为装点，通常都置于罩有湿蓝布的独轮车上去卖，经营此业的大多以京东平谷、香河以及京南采育等地的老乡居多。整块出售民间的糙豌豆黄儿是典型的春令食品，沿街叫卖的通常加小枣，常见于春季庙会，例如在三月三蟠桃宫，小贩们一声“暖这小枣儿豌豆黄儿，大块的来！”好像是给人们报出了春讯，带来了暖意。

宫廷里的叫“细豌豆黄儿”，乃是清宫御膳房根据民间的小枣糙豌豆黄儿改进而成。其制法较精，用上等白豌豆为原料，做出成品色泽浅黄、细腻、纯净，入口即化，味道香甜，清凉爽口，因慈禧喜食而出名。宫里吃的时候通常装在精致的盒子里，还点缀以金糕，红黄相间。

大锅伙

大锅伙

“锅伙”类似于现在的工人宿舍，是工人搭伙做饭和居住的地方，但是条件比现代的工人宿舍相距甚远。早年间，门头沟各煤窑几乎都设有锅伙，供那些从外地来这里干活的单身汉们居住。锅伙有的是煤窑建造的，有的是当地居民的私房，一般是几间大房子。在锅伙里，靠后檐墙建有通长的大土炕，中间是一个大火炉子，一般是用砖头、石块、土坯砌筑而成，供窑工们烧开水、热饭、洗澡和冬季取暖之用。大火炉子通过火道与两边的大土炕相连通，土炕就是窑工们睡觉的地方。炕上只铺一领光板破炕席，窑工一般都没有褥子，晚上睡觉只盖一条破被子。有的人甚至连被子都没有，两个人合盖一条，还有的就干脆盖自己的棉衣，或者是穿着衣服睡觉。有的锅伙房子小，但是住的人多，大家就只好一个人头朝里，一个人头朝外地交叉着睡。如果夜里有人起来上厕所，回来时就连个睡觉的地方都没有了。住在锅伙里的窑工们下班回来在锅伙里烧水洗澡，然后再换上干净衣服。吃饭的时候有的人到街上去买，有的人就在锅伙里自己做点儿吃。

锅伙里一般都设有“挑水的”，相当于现在的宿舍管理员。窑工们上班之后，由他负责看锅伙。平时由他给锅伙里挑水，供大家喝水和洗澡之用。如果大家出钱，他还管给大家做饭，菜一般以咸菜为主，在青菜便宜的时候，才买点儿。此外，“挑水的”还负责给上早班的窑工叫早。有的时候窑工们求他帮忙的时候，也给他几个小钱。“挑水的”有的在锅伙里设赌局（天九牌），他抽头儿。

卖大正琴的

卖大正琴的

“大正琴”是日本名古屋大须森田屋旅馆主人的长子森田吾郎于1912年（大正元年）发明的，于20世纪20年代传入中国。大正琴由琴身、切音板、键板、琴键、弦轴和琴弦等部分构成。琴身是呈扁长方形的共鸣箱，它由面板、框板和底板胶合而成。左为琴头，右为琴尾。面板尾部中央开有一个圆形音孔，在琴身的头部里面胶有安装弦轴的硬木，琴腔内胶有支撑框板和马子的木条和木柱。琴身底部装有4个琴脚。键板是安装琴键的木板，表面多作琴的装饰用，也有涂上美丽商标图案的，它的底面装有放键杆用的线槽板和勾住键杆的弹簧。琴键包括键杆和键钮，它们是用金属片冲压成型的，每个键钮上镶有音名。琴键一般有23或24个，分两排并列，与钢琴的黑白键相同，一排为基本音键，另一排为半音键。弦轴与扬琴的弦钉相似，用细铁棍经砸方和滚螺纹制成，装于琴头处，起好转调音的作用。琴弦有4—7根不等，全部使用钢丝弦，除里面的一条采用缠弦（作低八度和声弦）外，其余各弦使用32号细钢丝。在琴的尾部，有支弦的马子和控弦的弦勾板。琴的附件有用于拧转弦轴的琴匙和用以拨弦的拨片。

弹奏大正琴时把琴放在桌子上或者腿上，一手拨弦，一手摁键。由于构造简单，就有人进行仿制，在街头上卖。卖琴的背着一个口袋，里面装有数把琴，坐在一个地方进行弹奏，借此招揽顾客，买者以年轻学生和店员居多，作为一种消遣的工具。

抬轿子的

抬轿子的

轿子在中国东汉时就出现了，是一种走山路的交通工具，当时只是官僚和富户乘坐，用它代步。结婚时，新娘子坐喜轿在唐和北宋时开始普遍了。北京在明、清、民国时期，姑娘出嫁都要坐婆家雇的喜轿，方可娶走，因此当时的喜轿行业最为兴旺，四九城都有轿子铺。喜轿铺可分两类：一类是满俗婚礼的喜轿铺，多在内城；另一类是汉俗婚礼的喜轿铺，多在外城。喜轿铺是赁货铺的买卖，一本万利，只要置办两三乘轿子和一些“执事”，就可开业。喜轿铺的轿子、鼓号、“执事”等只要不坏就可长期使用。汉俗嫁娶，新娘乘坐的是八人抬的红缎绣花喜轿，绣的花样有“禧”字轿围，有“麒麟送子”轿围，有“富贵牡丹”轿围，还有“龙凤”轿围等。送亲和娶亲的女眷也坐轿子，坐的是绿轿。红轿在前，绿轿在后。红轿前面顺序排列为：锣、鼓响器、各样“执事”。发轿时乐器演奏《花得胜》，来回路上演奏《续道德袍》，新娘子上、下轿时，演奏《合乐》。轿子一般要在上午8点左右就得在娶媳妇人家门前将轿子、锣鼓、“执事”等摆放好，这叫“亮轿”。

抬轿子的轿夫和鼓号手、“打执事的”都是临时工。由轿子房发衣服穿，冬季长袖对襟扣襻袄，夏季系带对襟坎肩，均红色及紫色，背后有一黄色“喜”字，穿黑色裤子；四季均戴黑毡帽，帽顶插一红色羽毛，服饰用完后叠好装箱。轿夫抬轿子行进时，要求挺胸直视，碎步前进，左肩抬右手叉腰，右肩抬左手叉腰，动作一致。有时把轿子抬得上下颤悠起来，姿势特别优美。

專治
內外雜症